生命保険のありえない裏ワザ

松木祐司

宝島社新書

はじめに

生命保険は、住宅に次いで人生で2番目に大きな買い物といわれています。そんなことから、最近では保険料や保障内容をよく比較検討し、加入される方が増えてきているようです。

　加入者の側にこうした意識の変化が表れてきたことはよい傾向だといえますが、「入る」ことには気を遣っても、保険を使うときの「出口」まで考えている方はどれほどいるでしょうか。

　これまで保険に関する書籍といえば、加入するときに役立つ情報ばかりが重視され、出口に視点を置いたものはほとんどなかったといえます。

ですが、保険というのは万一の際に有効活用できてこそ価値があるのです。

たとえば、ライフスタイルに合わせて保険の見直しをすることはあるでしょうが、余命宣告を受けたような場合にあなたは保険を見直そうと考えますか。そんなせっぱ詰まった状態で、いまさら保険を見直せるはずがないと思い込んでいる方がほとんどではないでしょうか。

もちろん、そのまま保険料を払い続けても、当初の契約どおりの保障は受けられます。ただ、自分がいなくなったあとのことを思えば、少しでも多くのものを残し、家族の生活を支えたいと考えるものでしょう。

そんな願いをかなえる方法があるのです。知ってさえいれば、保険の隠れた機能を有効に活用し、保険の効果を高めることができるのです。

しかし、どんなに生命保険の活用法を熟知した保険営業員が担当であっても、どんなに優秀なファイナンシャルプランナーに相談されたとしても、他人の口からは提案しづらい活用法も多いのです。

だからこそ、保険に加入している本人が活用法を理解し、自らの病状を打ち明け、できることは何なのかを問いかけることが必要となるのです。

この本が、保険に加入している方と、保険営業員やファイナンシャルプランナーとの、保険の出口について考えるきっかけとなる情報提供となれば幸いです。

松木 祐司

生命保険のありえない裏ワザ◆◆◆目次

本書は、２０１３年５月に保険会社28社にアンケートを実施してご回答をいただいた14社のデータを元に制作いたしました。第１章の表は、最も有効と思われる保険会社を抜粋して掲載しております。

掲載のデータは２０１３年５月までの数字です。

第1章

万一余命を宣告されたら

驚くべき生命保険活用術

余命を宣告されても保険は見直せる

病院で検査をしたら、進行がんで余命1年半と診断された——。

もしも、こんな状況になったら、あなたはどうしますか。治療をどうするか、家族の生活はどうなるかということは考えても、ここで保険の見直しを思いつく人は少ないのではないでしょうか。

なにを馬鹿げた話をと思うかもしれませんが、生命保険は余命を宣告されてからでも、見直せることがたくさんあるのです。

生命保険は加入するのが目的ではありません。万一のときに役立ってこそ、保険料を払ってきた甲斐があるというものです。

漫然と加入しているだけでは、その保険の持っている効果は十分に享受できません。状況に応じて、保険の効果を最大限に引き出す工夫が重要となってくるのです。
保険の潜在的な力を引き出す活用法と、状況に応じた見直しのポイントを考えていきたいと思います。

収入保障保険・逓減定期保険は保障額の減少をストップ！

収入保障保険は加入時が最も大きな保障となり、年齢を重ねるたびに保障額が下がっていく保険です。比較的安い保険料でライフステージに合わせた保障を準備することができるため、結婚をした、子供が生まれた、などのタイミングで加入する方も多いでしょう。

さて、重篤な病気を患ってしまった場合に生命保険を見直すポイントは、「保険料負担の軽減」「保障の確保」「状況により手元資金の確保」などが挙げられます。

収入保障保険や逓減《ていげん》定期保険のように保障額が年々減っていくタイプでは、「保障額の確保」をすることが、その保険の効果を高めるうえでのポイントとなります。

たとえば、40歳で60歳満了の保険金額５０００万円の逓減定期保険に加入したとします。加入から10年が経過した50歳の時点では、保障額は２５００万円になっていて、その後も毎年２５０万円ずつ減っていく計算になります。保険商品によって逓減割合・保障額の推移は異なりますが、保障が年を追って小さくなっていくことには変わりがありません。

余命を宣告されたような状態では、新たな保険に加入することは極めて難しくなるのですが、今ある保障額を維持させることはそれほど難しくはありません。

加入している保険会社や加入年度によってもルールは異なりますが、収入保障保険や逓減定期保険、あるいは定期保険には、「保険種類の変換」という制度があります。これは現在の保障額と同額以下であれば、健康状態を問わずに他の保険種類に入り直すことができるシステムです。

変換できる保険種類は「養老保険」または「終身保険」としている保険会社が一

般的ですが、定期保険へ変換が可能なケースもあります。

この制度を活用して、保障額が減っていかない保険種類に変換すれば、それ以降の保障額の減少を止めることができます。

保険種類の変換で、どのくらいメリットがあるのか

保険種類の変換をすると、どうなるのでしょうか。

40歳で保険金額５０００万円、保障期間が60歳までの逓減定期保険に加入していて、50歳で余命宣告を受けたとします。そのまま逓減定期保険を継続すると、55歳での保障は１２５０万円、60歳では保障がなくなってしまいます。

これでは、治療の効果があって少しでも長く生きるほど、家族へ残してあげられる保険金は少なくなってしまうことになります。

しかし、余命宣告を受けた50歳の時点で終身保険などに変換できれば、

◉逓減定期保険とは

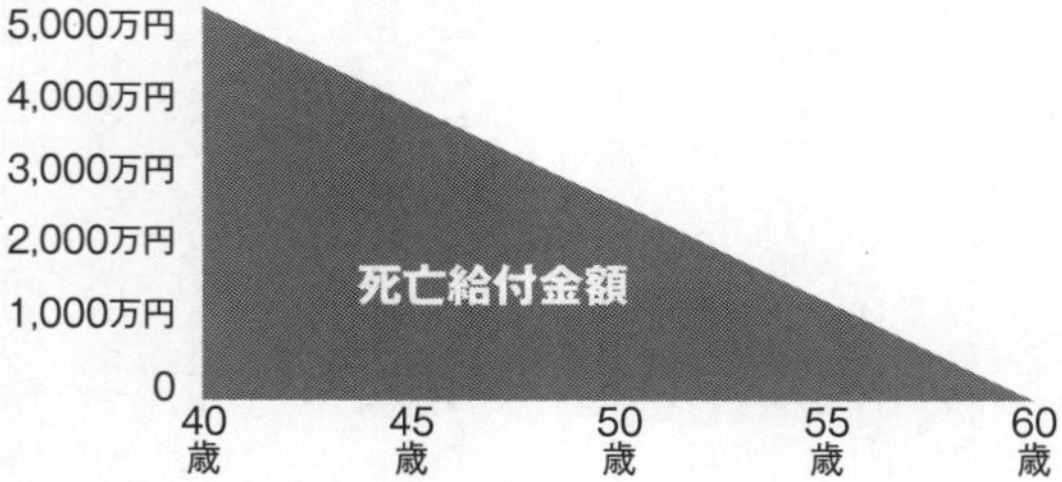

◉逓減定期保険を終身保険に変更すると

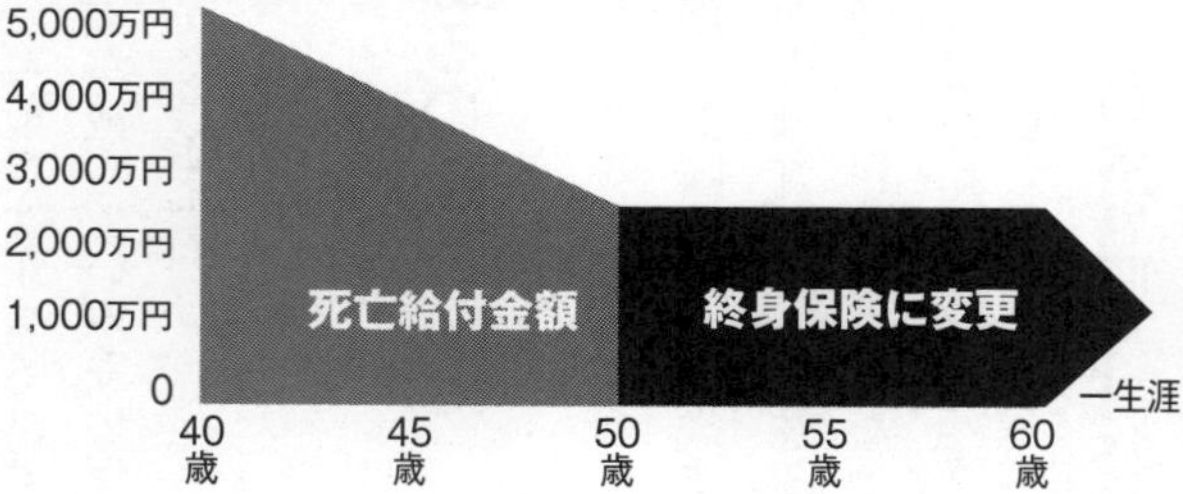

２５００万円の保障額は維持することができ、安心して治療に専念できる状況をつくることが可能となるのです。

ただし、保険種類の変換はこれまでの契約を解約して、その時点の年齢で新たな保険に加入し直す手続きです。50歳で２５００万円もの養老保険や終身保険に加入するとなると、毎月の保険料は極めて高額なものとなってしまいます。

仮に、これまでの逓減定期

◉無診査で逓減定期保険からの保険種類の変換が可能な保険会社

保険会社名	変更可能な保険金額	変換可能な保険種類	変換可能期間	変換可能年齢	契約からの経過期間	契約の残余期間
メットライフアリコ	変換時の保険金額	終身保険 長期定期保険 養老保険	解約日の翌日から1か月以内	養老は72歳まで、他は70歳まで	２年以上	特になし
ソニー生命	死亡保険金額の8割－解約返戻金相当額	終身保険 定期保険 養老保険など	解約日	80歳以下	２年以上	２年超
三井住友海上あいおい生命	変換時の保険金額	終身保険 養老保険など	解約日の翌日から1か月以内		２年以上	―
東京海上日動あんしん生命	死亡保険金額の8割	終身保険 養老保険など	解約日	終身は85歳まで他は80歳まで	２年以上	２年以上

契約形態は、年満了と歳満了。契約からの経過期間は2年以上（注：東京海上日動あんしん生命は、更新日が2007/4/2以降の主契約・特約については３年以上）

※この内容は将来変更される可能性もあります。また、個別の保険商品や、加入年度によっても取扱いが変わる場合もあります。ご加入や変換にあたっては保険会社に詳細をご確認ください。

保険の保険料が1万円程度であったとして、毎月の保険料が低く抑えられる終身払いの終身保険に変換しても6万円台に跳ね上がってしまいます。

収入保障保険や逓減定期保険から保険種類の変換をすることで、数千万円もの保障額の減少を止めることができますが、余命を宣告されたような状況で、高額な保険料を支払わなければならないのが難点です。

しかし、保険種類の変換が

◉無診査で収入保障保険からの保険種類の変換が可能な保険会社

保険会社名	変更可能な保険金額	変換可能な保険種類	変換可能期間	変換可能年齢	契約からの経過期間
メットライフアリコ	変換時の保険金額	終身保険 長期定期保険 養老保険	解約日から1か月	養老は72歳まで、他は70歳まで	2年以上
ソニー生命	保険金額に所定の倍率を乗じた額－解約返戻金相当額	終身保険 定期保険 養老保険など	解約日	80歳以下	2年以上
マニュライフ生命	変換時の保険金額	終身保険	解約日の翌日から1か月	70歳まで	2年以上
NKSJひまわり生命	変換時の換算保険金額	終身保険 定期保険	解約日	終身75歳まで定期、80歳まで	2年以上 ◎定期保険保険への変更は5年以上
三井住友海上あいおい生命	変換時の換算保険金額	終身保険 養老保険など	解約日の翌日から1か月	非開示	2年以上
オリックス生命	2年後の保険金額	終身保険 定期保険 養老保険など	解約日の翌日から1か月	後契約の新契約取扱要領に準じる	2年以上
東京海上日動あんしん生命	保険金額の8割	終身保険 低解約終身保険 養老保険など	解約日	終身：85歳 低解返終身：80歳 養老：80歳	2年以上

契約形態は、年満了と歳満了。

※この内容は将来変更される可能性もあります。また、個別の保険商品や、加入年度によっても取扱いが変わる場合もあります。ご加入や変換にあたっては保険会社に詳細をご確認ください。

できる保険会社のなかでも、ＮＫＳＪひまわり生命などでは、養老保険や終身保険への変換だけではなく、定期保険への変換が可能となります。短期間の定期保険に変換できれば、保険料の負担増も最小限で、保障額が減っていくのを止めることが可能となります。

定期保険の裏ワザ①
歳満了と年満了には大きな違いが

一定期間の保障を得る定期保険には、「5年、10年、20年、30年」などのように保障期間を何年間とする「年満了」で契約する方法と、「50歳、60歳、80歳」といった何歳までというように「歳満了」で契約する方法があります。30歳の方が「20年間」で契約しても「50歳まで」で契約しても、同じ20年間なので保険料は同額となります。

しかし、この2つの契約方法には大きな違いがあるのです。

◉定期保険の契約方法

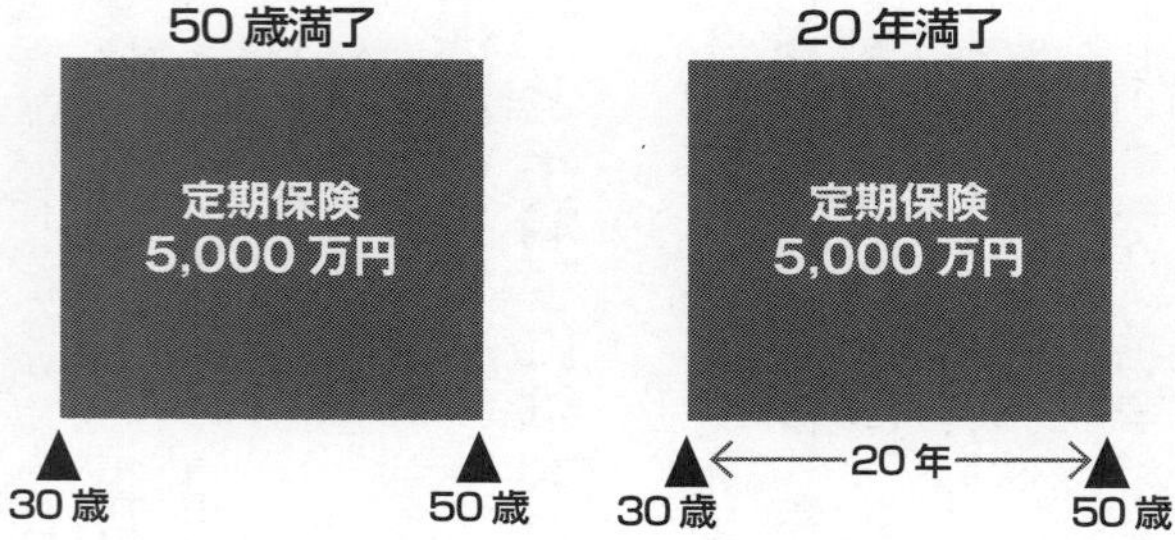

一般的に、50歳までというような「歳満了」で契約をしている定期保険では、50歳を迎えた時点で保障期間が満了となり契約が消滅してしまいます。

これに対して、20年間というような「年満了」で契約していれば、20年経過時には自動更新されます。50歳からの再計算された保険料を払い続ければ、保険料は高くなるものの、健康状態を問わずに保障を継続することが可能なのです。

もしも、47歳で余命を宣告されるようなことになったとしても、50歳満了の定期保険に加入していては更新ができません。こんなときにはどんな心境になるでしょう。

1日でも長く生きて家族と一緒に過ごしたいと

◉定期保険の「歳満了」契約でも自動更新が可能な保険会社

- 三井住友海上あいおい生命
- ソニー生命
- 住友生命
- 東京海上日動あんしん生命

思う反面、50歳を超えるまで生きられたら家族に残すものがなにもなくなってしまう。治療費がかさんで貯蓄も底をついてしまうかもしれない……。そんなふうに悩んでしまうかもしれません。

こんな状況に追い込まれないためにも、定期保険に加入する際には更新が可能な年満了タイプで契約をしておくことが賢明です。

しかし、すでに歳満了で加入してしまった方でも、まだ落胆するのは早いかもしれません。

歳満了タイプの定期保険に加入していて、自動更新はできなくとも、「保障期間の延長」をすることができる保険会社があるのです。

定期保険の裏ワザ②

保障期間の延長で保障が消滅するのを防ぐ

「保障期間の延長」とは、30歳から50歳までの保険に加入していたものを、始めから30歳から60歳までの保険に加入していたように保障期間を延長する手続きです。延長後の毎月の保険料は始めから60歳までの契約をしていた場合と同額となりますが、30歳から今までの期間の精算も必要となります。

50歳までの契約をした場合と、60歳までの契約をしていた場合では、将来の保険金の支払いなどに備えて積み立てられている金額（責任準備金）が異なり、その差額を一括で精算する必要があります。

正確な金額は開示されていないのでわかりませんが、保険期間を延長する時点での解約返戻金の差額に近い金額となるはずです。

30歳男性が50歳満了の定期保険に加入していて、47歳で60歳満了の定期保険に延

◉定期保険（年満了）の保険期間を延長すると

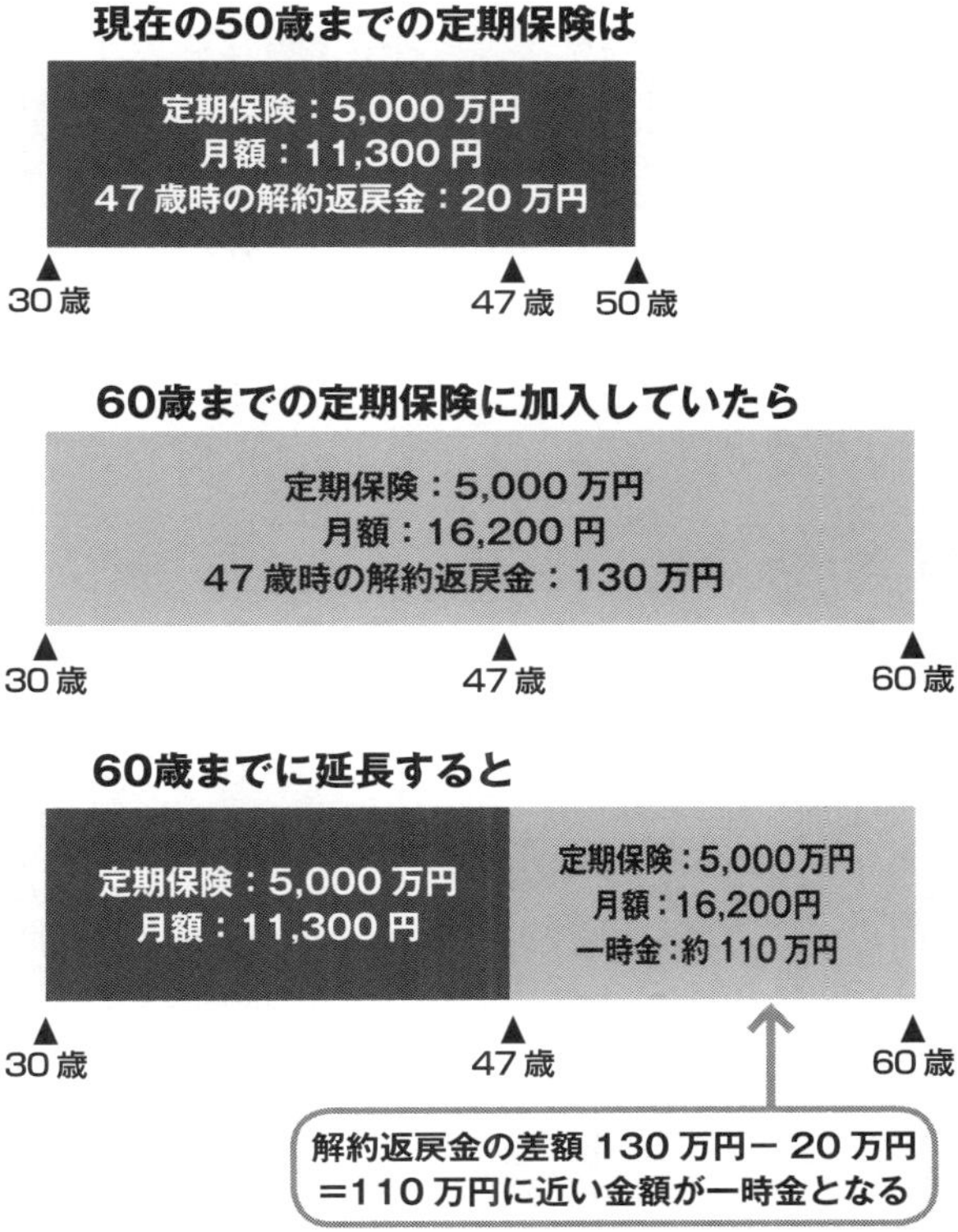
現在の50歳までの定期保険は
定期保険：5,000 万円
月額：11,300 円
47 歳時の解約返戻金：20 万円
30 歳
47 歳
50 歳
60歳までの定期保険に加入していたら
定期保険：5,000 万円
月額：16,200 円
47 歳時の解約返戻金：130 万円
30 歳
47 歳
60 歳
60歳までに延長すると
定期保険：5,000 万円
月額：11,300 円
定期保険：5,000万円
月額：16,200円
一時金：約 110 万円
30 歳
47 歳
60 歳
解約返戻金の差額 130 万円－ 20 万円
＝110 万円に近い金額が一時金となる

長した場合を図（25ページ）に示しました。延長後の毎月の保険料は１万１３００円から１万６２００円へと変更になり、責任準備金の差額の精算は１１０万円程度ではないかと思われます。これを一括で精算すれば、60歳までの契約に変更できるのです。これで５０００万円の保障を60歳まで確保することができます。
保険料の負担増や一時金の精算は必要となりますが、余命を宣告されて、これから保険の世話になろうというときに保障がなくなってしまうことを未然に防ぐ方法のひとつです。

70歳や80歳までに延長することも可能ですが、延長期間が長くなるほど保険料や一時金の精算額も大きくなってしまいますので、短い期間で延長し、経過をみながら再延長をしていけば良いでしょう。これで保障切れを心配することなく、治療に専念することができるのです。

また、この保障期間の延長は、健康を害して新たな保険に加入できない場合だけでなく、健康な方であっても有効な手段となります。

新たな保険に加入する場合、当然のことながら現在の年齢で保険料が計算されま

◉定期保険の保険期間が延長できる保険会社

			変更可能な期間について			
保険会社名	選択方法	延長可能期間	再延長	契約からの経過期間	残余期間	変更可能なタイミング
メットライフアリコ	告知	新契約基準80歳	不可	―	2年以上	年単位契約応当日
ソニー生命	無診査	新契約取扱規定範囲内	可	特になし	2年以上	年単位の契約応当日
	年満了は不可					
NKSJひまわり生命	無診査	新契約取扱規定に準じる	可	特になし	2年以上	いつでも
三井住友海上あいおい生命	無診査	新契約基準30年、歳満了は100歳	可	3年以上	2年以上	非開示
オリックス生命	無診査	90歳	可	2年経過後	2年以上	年単位の契約応当日
住友生命	無診査	新契約基準	可	特になし	2年以上	―
アフラック	告知	新契約基準	可	3年以上	2年以上	年単位の契約応当日
東京海上日動あんしん生命	無診査	新契約基準99歳	可	特になし	1年以上	いつでも

契約形態は、年満了と歳満了。NKSJひまわり生命は、健康体料金などの契約では不可。

※この内容は将来変更される可能性もあります。また、個別の保険商品、加入年度によっても取扱いが変わる場合もあります。ご加入や保険期間の延長にあたっては、保険会社に詳細をご確認ください。

すが、これまで加入している保障期間を延長するのであれば、その保険に加入した当時の年齢で保険料が再計算されます。基本的に生命保険は年齢が若いほど保険料が安いのですから、一時金の精算が必要となってもトータルで考えればメリットとなるケースも多いのです。

長期平準定期保険の裏ワザ①
保障期間の短縮で得られるもの

100歳や98歳までといった長期間の定期保険に加入していれば、たとえ47歳で余命宣告を受けたとしても保障切れとなる心配はないでしょう。しかし、はたして100歳までの保障を継続する必要があるのでしょうか。

じつは、保障期間の延長とは反対に「保障期間の短縮」をすれば、「保険料負担の軽減」と「手元資金の確保」が同時に行えます。

保障期間の短縮をした場合も、保障期間の延長と同様に、変更後は始めからその

◉長期平準定期保険の保険期間を短縮すると

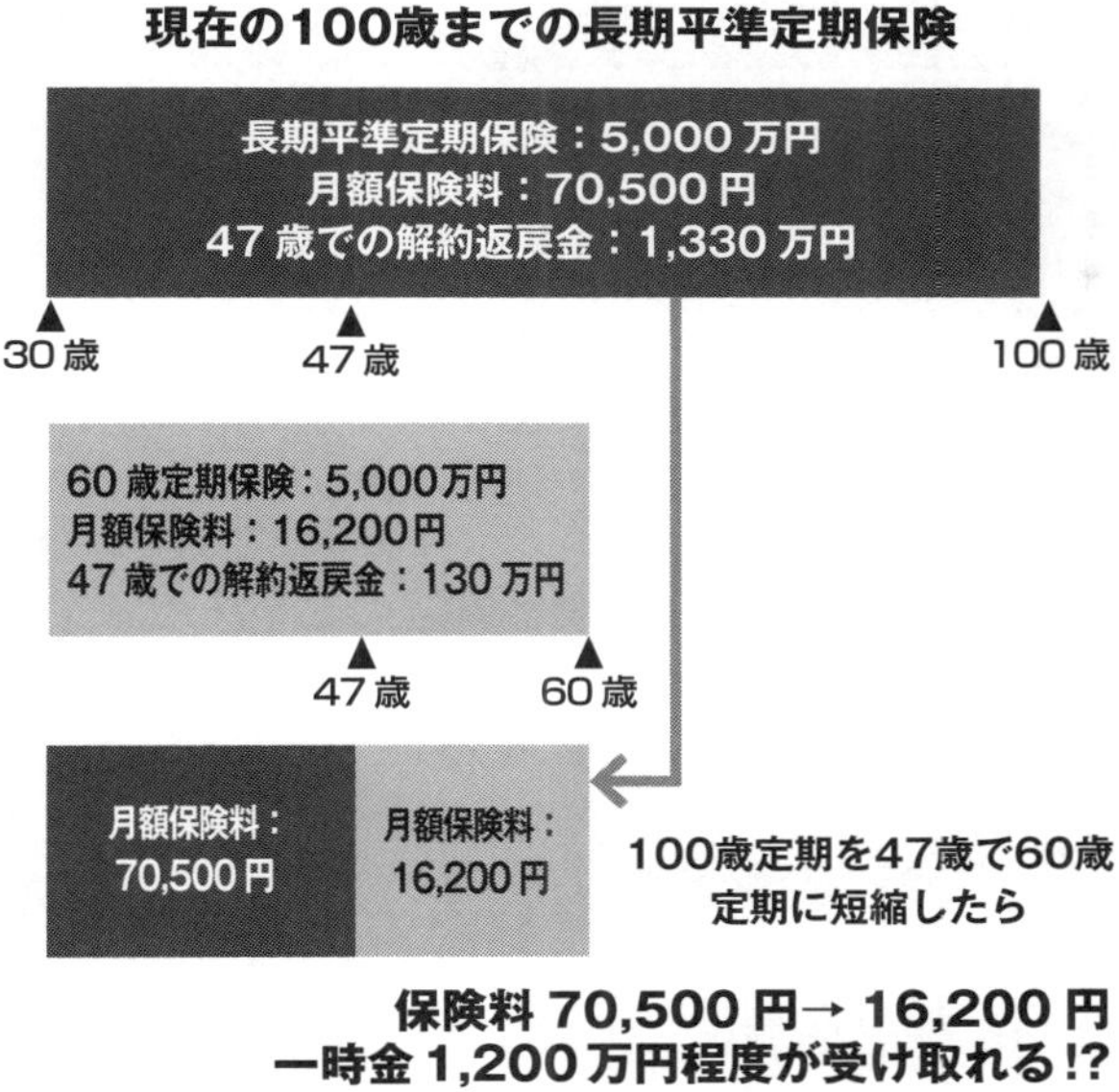

期間で契約をしていた場合と同額の保険料となります。つまり、基本的に保障期間の短縮は保険料が安くなるわけです。また、責任準備金の差額の精算についても、一時金を支払うのとは逆に差額が払い戻されます。

一例として、30歳で100歳までの定期保険に加入し、47歳のときに60歳までの定期保険へ変更した場合を上の図に

◉定期保険の保険期間を短縮できる保険会社

保険会社名	選択方法	短縮後の再延長	契約後	残余期間	変更可能なタイミング
メットライフアリコ	告知	不可		２年以上	契約応答日
NKSJひまわり生命	無診査	可	３年以上	２年以上	いつでも
三井住友海上あいおい生命	無診査	可	３年以上	１年以上	非開示
住友生命	無診査	可	特になし	1年以上	ー
アフラック	無診査	可	3年以上	2年以上	契約応当日
東京海上日動あんしん生命	無診査	可	特になし	1年以上	いつでも
日本生命	無診査	ー	2年以上	ー	ー

契約形態は、年満了と歳満了（アフラックは、歳満了は不可）。無診査。短縮可能期間は、新契約基準（メットライフ アリコは、80歳まで）
※この内容は将来変更される可能性もあります。また、個別の保険商品、加入年度によっても取扱いが変わる場合もあります。ご加入や保険期間の短縮にあたっては、保険会社に詳細をご確認ください。

示しました。責任準備金の開示はされていないので正確な金額はわかりませんが、解約返戻金の差額から考えれば１２００万円程度が払い戻されるうえに、毎月の保険料は、約７万円から１万６０００円程度へと軽減されるのです。

　そのまま１００歳までの定期保険を続けていたならば、毎月７万円もの保険料を払い続けて家族に残せる保険金は５０００万円となります。ところが、保障期間を短縮すれば、毎月の保険料負担を減らし５０００万円の保障は60歳まで継続できます。さらに、責任準備金の差額１２００万円程度を受け取れるので、治療費や生活費に充てることもできるでしょう。

また、60歳までに保障期間を短縮した後でも、保障期間を延長し直すことは可能です。状況に応じてメンテナンスを行っていけば、保障期間を短縮したばかりに保障切れとなってしまうといったことも避けられます。

定期保険に加入するならば、「年満了」。「歳満了」でしか契約できない30年超の長期間の定期保険ならば、保険期間の変更ができる保険商品を選んでおきたいものです。

長期平準定期保険の裏ワザ②
払込が完了しているときには変換を使う

１００歳までの定期保険の保険料を、65歳までのように短い期間で払い終わるような払込期間にするケースもあります。このような契約ですでに払込が完了している場合には、もう保障期間の変更はできないとする保険会社が一般的なようです。しかし、このようなときでも見直しを諦めてはいけません。長期の定期保険も、健康状態を問わずに他の保険種類へ変換することが可能な保険会社があるのです。

１００歳などの定期保険を変換する場合、収入保障保険や逓減定期保険とは目的も変更するタイミングも異なってきます。

逓減定期保険や収入保障保険では、少しでも多くの保障を確保するために、いち早く保険種類を変更し、保障額が減ってしまうことをストップさせなければなりませんでした。そのためには、変換前よりも高くなった保険料を何年間も払い続けなければならないケースもあります。

定期保険の保障額は減少しないので、他の保険への変換を急ぐ必要はありません。亡くなる直前までに手続きが完了していれば良いのです。

では、なぜ他の保険種類へ変換するのかというと、「解約返戻金」を受け取るためです。

◉無診査で定期保険からの保険種類の変換が可能な保険会社

保険会社名	変更可能な保険金額	変換可能な保険種類	変換可能年齢	契約からの経過期間	契約の残余期間
メットライフアリコ	原契約の保険金額	終身保険 長期定期保険 養老保険	養老は72歳まで、他は70歳まで	２年以上	なし
ソニー生命	原契約の保険金額－解約返戻金相当額	終身保険 定期保険 養老保険など	80歳以下	２年以上	2年超
NKSJひまわり生命	原契約の保険金額	終身保険 養老保険 定期保険（法人契約のみ）	75歳	2年以上 ◎定期保険への変更は5年以上	保険期間満了の前日
三井住友海上あいおい生命	原契約の保険金額	終身保険 養老保険など	非開示	2年以上	非開示
オリックス生命	原契約の保険金額－解約返戻金相当額	終身保険 養老保険 定期保険特約 養老保険特約	後契約の新契約取扱要領に準じる	2年以上	2年以上
東京海上日動あんしん生命	原契約の保険金額－解約返戻金相当額	終身保険 養老保険など	終身:85歳/低解返終身:80歳/養老:80歳	２年以上経過2007年4月2日以降の契約は3年以上	2年以上

変換可能期間は、解約日と同日=ソニー生命・NKSJひまわり生命・東京海上日動あんしん生命、解約日の翌日から1ヶ月以内=メットライフ アリコ・三井住友海上あいおい生命・オリックス生命。

※この内容は将来変更される可能性もあります。また、個別の保険商品、加入年度によっても取扱いが変わる場合もあります。ご加入や保保険種類の変更にあたっては、保険会社に詳細をご確認ください。

保険種類の変換は、現在の契約を解約して、これまでの保障額の範囲内で新たに他の保険種類に入り直す手続きです。したがって、現在加入している契約に解約返戻金があれば、それを受け取ることができるのです。

たとえば、１００歳まで保障が続く５０００万円の定期保険に30歳で加入し、65歳で保険料を払い終える契約にした場合。毎月の保険料はおよそ９万３０００円となり、65歳の払込満了までに約３９００万円の保険料を払い込むことになります。

これを変換すると、40歳では約１０００万円、50歳では約２０００万円、60歳では約３４００万円、65歳では約４０００万円、70歳では約４２００万円もの解約金が受け取れます。そのうえで、これまでと同じ５０００万円の保障も準備できているのです。

つまり65歳で変換し、仮に半年後に亡くなった場合、変換後の保険金５０００万円に加えて、解約金の４０００万円も家族に残すことができるのです。何もしなければ３９００万円もの保険料を払い込んで５０００万円の保険金が支払われるだけなのです。

この制度を活用するか否かの違いで、同じ保険に加入していてもその効果がぐっと変わってくるといえるでしょう。

自分で手を上げなければ有効手段も使えない

しかし、こんなに劇的に保険効果が高まる手段も、残念ながらほとんど活用されていないようです。

加入時に「保険種類の変換」の説明を受けていたとしても、忘れてしまったら絵に描いた餅となってしまいます。

担当者が保険種類の変換をよく理解していて、さらにあなたの病状を知ったとしても「もうそろそろ危なそうなので、サインができるうちに保険の種類を変換しましょう」などとは決して提案できないでしょうし、家族だって言えるものではありません。センシティブな状況での保険の活用法は自らが手を挙げて申し出なければ

◉解約返戻金を賢く受け取る

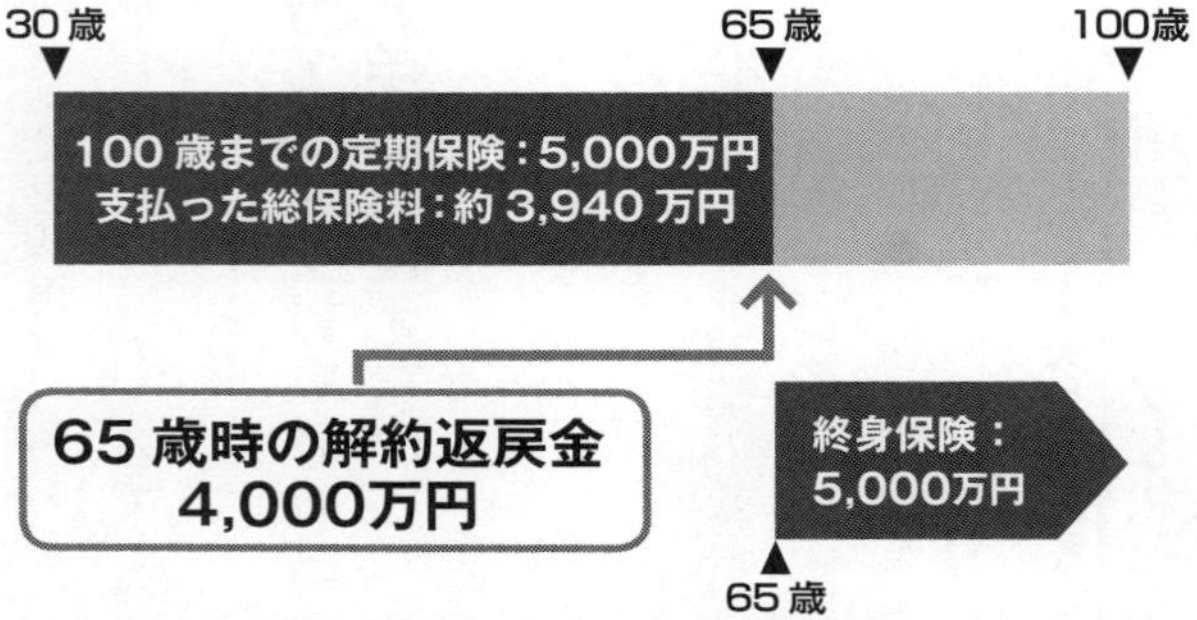

もし、65歳で5,000万円の定期保険に変換後、6か月で亡くなった場合、
解約返戻金：4,000万円＋死亡保険金：5,000万円＝
9,000万円
支払った総保険料：3,940万円+6か月の保険料

はじまらないのです。自分自身が生命保険の機能を理解しておくことが、生命保険を最大に活用するカギなのです。

　このように100歳などの長期の定期保険では「保険期間の短縮」と「変換」を、そのときの状況に応じて検討できれば、保険の効果をいっそう高められるでしょう。

　保険商品を選ぶ際には、保険料の安さや解約金の戻り率の高さなどを比べて選択する方が多いと思います。ですが、それよりも、健康状態を問わずに他の保険へ変換することができるかどうか、保険期間の短縮をできるかどうかなども、長期の定期保険を選ぶうえでの基準のひとつにしてはいかがでしょうか。

変換の際には、これまでの保障額の範囲内ではなく、保障額から解約返戻金を差し引いた額までとする保険会社もありますので、チェックが必要です。

終身保険は保険料負担の見直しが必要

日本の国内生保が定期付終身保険を主力商品にしていたのに対して、外資系生保やカタカナ生保では終身保険の単品販売が積極的に行われていました。

「定期付終身保険では、保険料払込終了時点で定期保険特約の保障期間が満了となり、保障が激減してしまいます。でも、終身保険であれば、保険料の払込が終わっても同額の保障が一生涯続きます。払込終了の時点で解約する場合は、払い込んだ保険料の１１０％が戻り、銀行に預けておくよりも利回りが良いです」

こんなセールストークに乗せられて、定期付終身保険から終身保険の単品契約に乗り換えた方も多いのではないでしょうか？

さて、終身保険の見直しのポイントは「保険料負担の軽減」です。

終身保険は保険料が掛け捨てとならない反面、定期付終身保険と比べると毎月の保険料は高額となります。

ご夫婦で共働きで、奥様も定年まで勤めあげるというライフプランのご家庭や、共働きで子供がいないといったご家庭では、大きな保障よりも終身保険でムダなく保障を準備しているケースが多いようです。貯蓄を兼ねているということもあって、あえて大きめの設定をされる方も見受けられます。

30歳男性が終身保険で3000万円の保障を得ようとした場合、65歳までの保険料の払込期間で加入すると、毎月の保険料は4万〜6万円程度となります。もし、余命を宣告されて働けなくなってしまったら……。

傷病手当金だけでは、収入は3分の2に減り、それも1年6か月間で打ち切りとなります。収入が減り治療費もかかるこんな状況では、終身保険の保険料を払い続けていくことは大きな負担となるのではないでしょうか。

終身保険の裏ワザ①
保険料の負担がなくなる貸付制度は得？

保険料負担の軽減を保険の担当者に相談した場合、まず案内されるのは「保険料自動振替貸付」や「契約者貸付」だと思います。

「保険料自動振替貸付」とは、保険料が一時的に払われなくても保障を継続させるためのもので、ほとんどの終身保険にこの機能が備わっているのではないでしょうか。これは、その時点で解約した場合に戻ってくる解約返戻金を担保に、保険会社が保険料を立て替えておくといったものです。

病気になってこれから保険のお世話になろうというときに、保険料が払えずに保障が切れてしまうといった最悪の事態からは逃れることができます。

しかし、立て替えられた保険料には金利がかかります。加入している保険の予定利率が高いほど、保険料の立て替え金利も高くなります。そして、立て替えられた保険料と金利は、最終的には解約金や保険金から相殺され、保険会社に回収されます。

一方、「契約者貸付」は、保険料の負担をなくすだけにとどまらず、契約している保険から治療費や生活費のための借入をすることが可能となります。その時点で保険を解約した場合に戻ってくる解約返戻金の8〜9割程度を上限にしている保険会社が一般的です。とはいえ、当然ながらこの契約者貸付にも金利がかかります。

しかし、終身保険の保険料を軽減するための手段はそれだけではありません。

終身保険の裏ワザ②
延長定期保険ならもっとお得

終身保険に加入していて余命を宣告されたとしたら、私ならば「延長定期保険」に変更することを検討します。

延長（定期）保険とは、終身保険を解約し、解約返戻金で一括払いの定期保険に

◉終身保険を延長定期保険に変更する

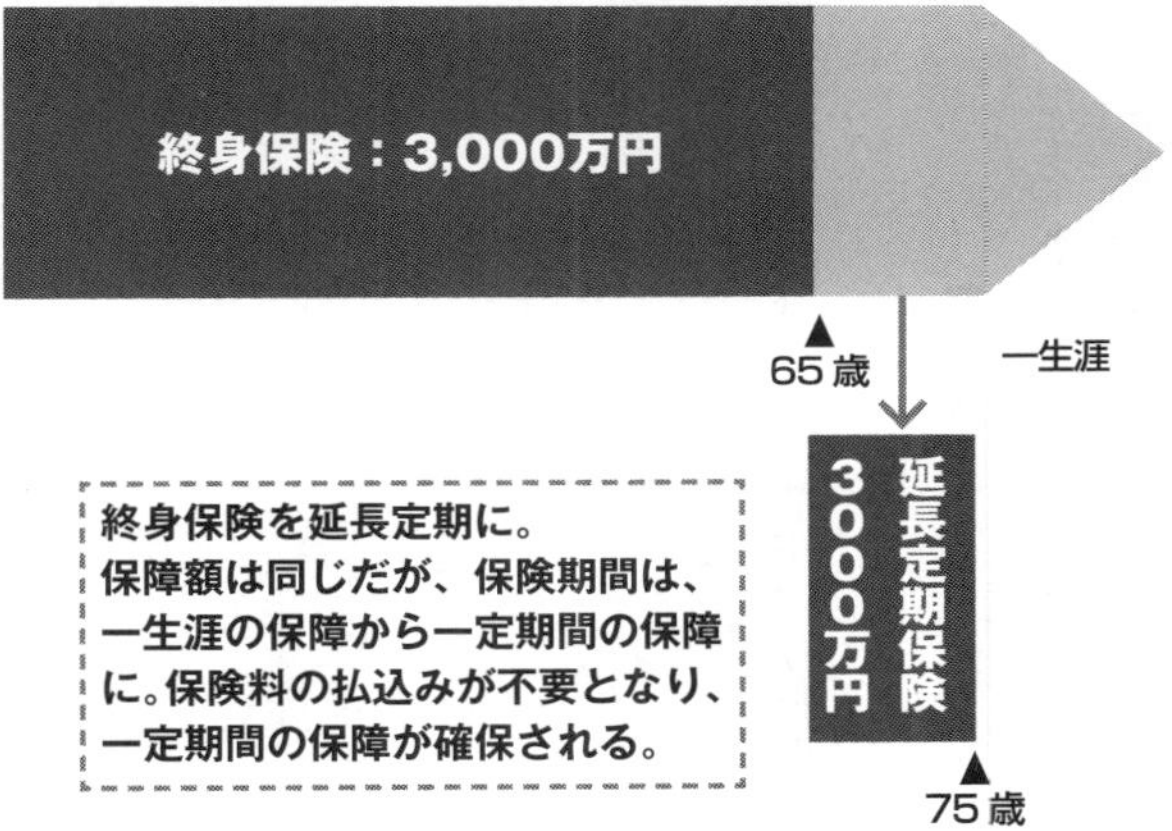
終身保険：3,000万円
65歳
一生涯
延長定期保険
3000万円
75歳
終身保険を延長定期に。
保障額は同じだが、保険期間は、
一生涯の保障から一定期間の保障
に。保険料の払込みが不要となり、
一定期間の保障が確保される。

◉終身保険で保険料自動振替貸付を利用すると

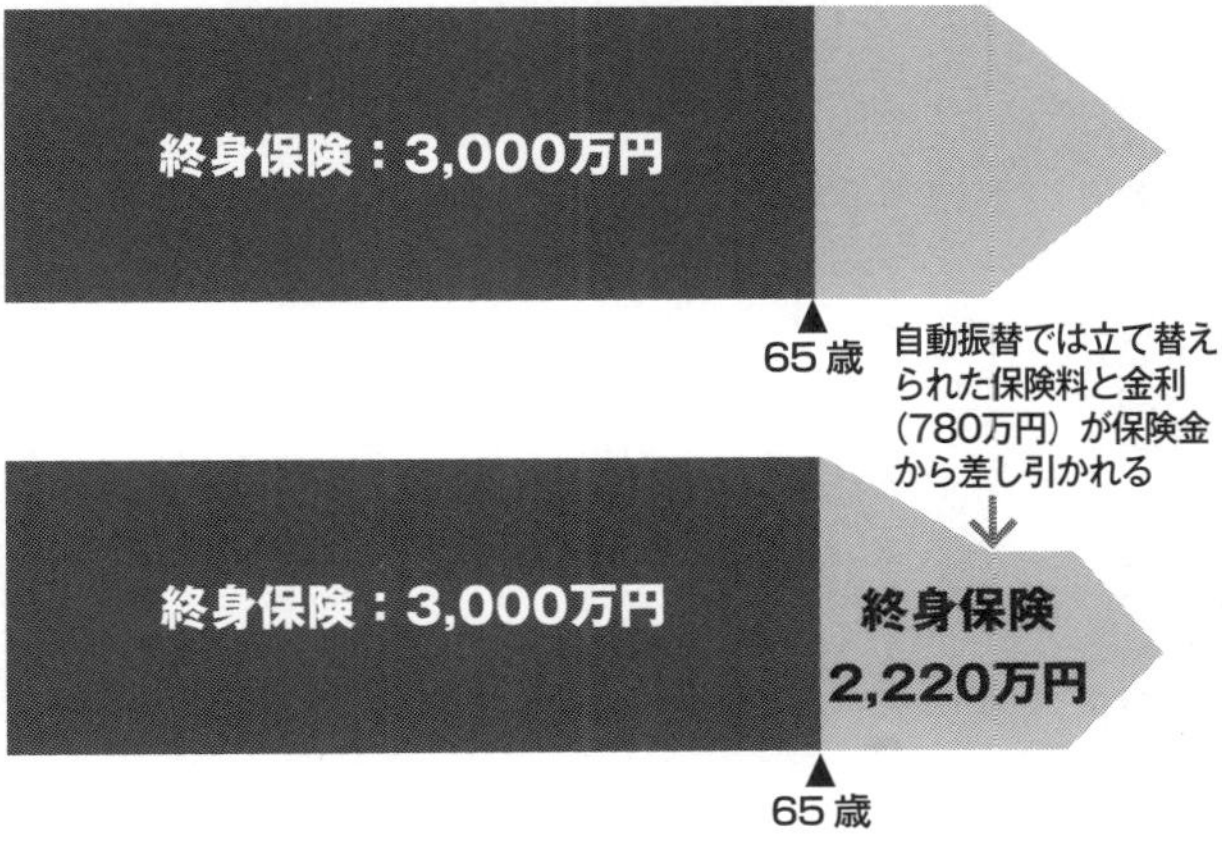
終身保険：3,000万円
65歳
自動振替では立て替え
られた保険料と金利
（780万円）が保険金
から差し引かれる
終身保険：3,000万円
終身保険
2,220万円
65歳

入るといった仕組みのものです。保障額はそれまでと同額になりますが、保障期間が短縮されます。保障期間は終身保険でそれまでに貯まっていた解約金の額などによって計算されます。

一生涯の保障が得られる終身保険に加入したものの、万一余命を宣告されたような状態となれば、私ならば、「今となれば一生涯の保障などは不要。一定期間（自分の余命以上）の保障があれば良い」と考え、この延長定期保険への変更を実行するでしょう。

延長定期保険にすることで、毎月の保険料を払わずに、金利負担もなく、一定期間の保障が確保できるのです。

「保険料自動振替貸付」で、保険料を払わずに終身保険を継続させ、仮に10年後に亡くなった場合では、保障額３０００万円から、保険会社が立て替えていた保険料と金利（月払保険料５万８０００円×12か月×10年間＋金利）が相殺されて、２２００万円程度を家族に残すこととなります。

「延長定期保険」に変更していれば、保険料を払わずとも、まるまる３０００万円

◉終身保険を延長（定期）保険に変更できる保険会社

保険会社名	契約者貸付のある状態での変更可能な保険金額	延長定期へ変更後の復活や変更	契約からの経過期間	延長可能期間
メットライフアリコ	原契約の保険金額ー貸付額	不可		100歳
ソニー生命	原契約の保険金額ー貸付額および自動振替貸付残高	復旧可 一定期間内	特になし	積立利率変動型終身保険は90歳。その他は限度なし。
ＮＫＳＪひまわり生命	原契約の保険金額ー貸付額	復旧可 3年以内	特になし	98歳
三井住友海上あいおい生命	原契約の保険金額ー貸付額	不可	2年以上	払込期間満了日と80歳のいずれか短い期間まで
オリックス生命	原契約の保険金額ー貸付額	復旧可 3年以内	特になし	
住友生命	原契約と同じ	復旧可 3年以内	2年以上	原契約の払込期間満了日
東京海上日動あんしん生命	原契約の保険金額ー貸付額	復旧可 3年以内 一部解約可		80歳

選択方法は、無診査。変更可能のタイミングは、いつでも。三井住友海上あいおい生命・住友生命の場合、契約後2年間は変更できない。

※この内容は将来変更される可能性もあります。また、個別の保険商品、加入年度によっても取扱いが変わる場合もあります。ご加入や延長定期保険への変更にあたっては、保険会社に詳細をご確認ください。

の保険金を家族に残すことが可能なのです。

終身保険の裏ワザ③
貸付制度と延長定期保険の合わせワザ

保険料負担の軽減だけではなく、治療費や生活費のための手元資金も確保しておきたいという場合には、保障額3000万円のうちの一部分を解約して、解約金を受け取るという方法もあります。

ただ、500万円分の保障を解約して受け取れる解約金は500万円を下回りますから、余命を宣告されたようなときには、あまり良い選択とは思えません。かといって、契約者貸付で手元資金を借り入れたら金利が発生します。

こういうときには、契約者貸付をした後で延長定期保険に変更する方法があります。契約者貸付で借り入れをした場合には、金利が発生しますが、契約者貸付をした直後に延長定期保険に変更してしまえば、すぐさま契約者貸付での借り入れが解

◉終身保険を貸付制度＋延長定期保険に変更する

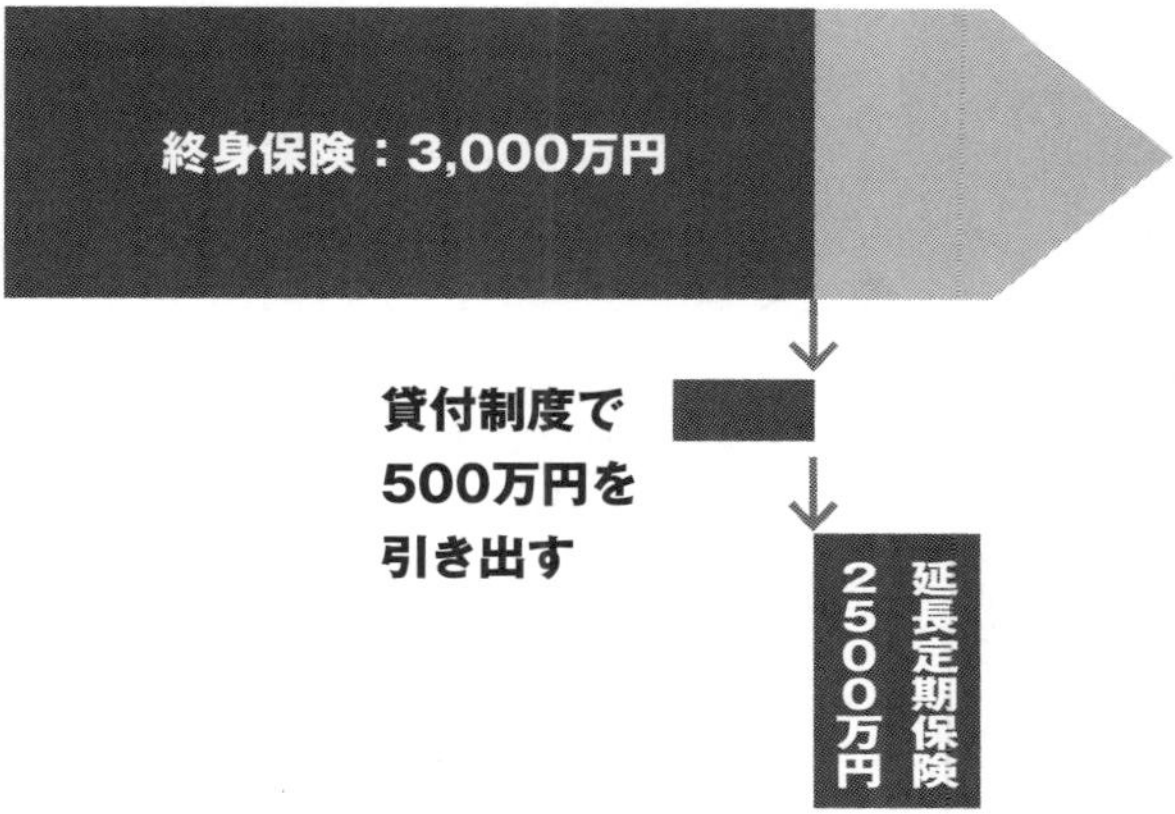

約返戻金と相殺されて、残った解約返戻金で延長定期保険に変更できる保障期間が計算されます。ほとんど金利負担もなく手元資金を確保することができます。

必要な保障期間の分だけ解約返戻金を残すように契約者貸付で先にお金を引き出してしまえば、保険料負担・金利負担なく手元資金と一定期間の保障を確保することが可能となります（上の図参照）。

借り入れをして解約返戻金が減った金額分、保障期間は短くなりますから、子供の成長や妻の年齢なども考え合わせて計画することが大事です。余命20か月と宣告されて２年間の保障では考えものですが、現実的には「10年あれば良い、15年あればお釣りがくる。仮に15年後を生きて迎えることができて、保障期間が終わってしまったとしても、もうその頃は子供も成人し、妻も年金が受け取れる年齢となっていて、保障の必要性は少なくなっているはずだ」と割り切れるのであれば、このような手段が取れるのです。

契約者貸付を受けていると延長定期保険に変更できる保障額は、これまでの終身保険の保障額から契約者貸付分を差し引いた金額とされることが一般的です。ですから、保険金３０００万円＋契約者貸付５００万円とはならず、保険金２５００万円＋契約者貸付５００万円となりますが、保険料を払わずに保障を確保し、金利負担なく保障の一部を先取りすることが可能なのです。

終身保険は一生涯の保障を得るため、または将来解約をしたときに払い込んだ保険料以上の解約返戻金を受け取るために加入するものといえます。でも、余命を宣告されたようなケースでは、近い将来に保険金を受け取るためのものへと目的が変化します。

ですから、収入や資産にゆとりがある方でも、終身保険の保険料を漫然と払い続

◉終身保険の保険料払込期間の延長が無診査でできる保険会社

保険会社名	延長可能期間	再延長	契約後	残余払込期間	変更可能なタイミング
NKSJひまわり生命	新契約基準	可	３年経過後	２年以上	いつでも
三井住友海上あいおい生命	新契約基準	可	非開示	３年以上	非開示
オリックス生命	新契約基準	可	2年経過後	2年以上	契約応当日
住友生命	新契約基準	可	ー	2年以上	ー
東京海上日動あんしん生命	新契約基準	可	特になし	1年以上	いつでも

契約形態は、年満了と歳満了（NKSJひまわり生命は歳払い）。無診査。
※この内容は将来変更される可能性もあります。また、個別の保険商品、加入年度によっても取扱いが変わる場合もあります。ご加入や保険料払込期間の延長にあたっては、保険会社に詳細をご確認ください。

けていくことには疑問が残るのではないでしょうか。

しかし、自発的に申し出なければ、まず案内されるのは金利負担を強いられる保険料自動振替貸付か契約者貸付など一般的な方法と思ったほうが良いでしょう。

ちなみに、延長定期保険は最長でも80歳や保険料払込期間までとする保険会社がありますから、高齢になっているなら、終身保険を継続させるという判断もあり得ます。

終身保険の裏ワザ④
払込期間を延長するというテクニック

病気になってから保障期間を短縮させるのは不安だけれど、毎月の保険料負担は少しでも軽くしたいし手元資金も欲しい——こんな方には「保険料払込期間の変更」という手段があります。

たとえば、保険料の払込期間が65歳までとなっているのであれば、これを終身払いなどに引き延ばすのです。この仕組みは、始めから終身払いで契約したものとして修正をするものです。

すると、65歳払いでの保険料が毎月５万８０００円であったなら、変更後は４万４０００円などのように毎月の保険料は安くなります。それに加えて、払込期間の変更でも、責任準備金の差額が払い出されます。50歳で終身払いに変更した場合では、約３８０万円程度が払い出されると思われます。

◉終身保険の払込期間を終身払いに変更する

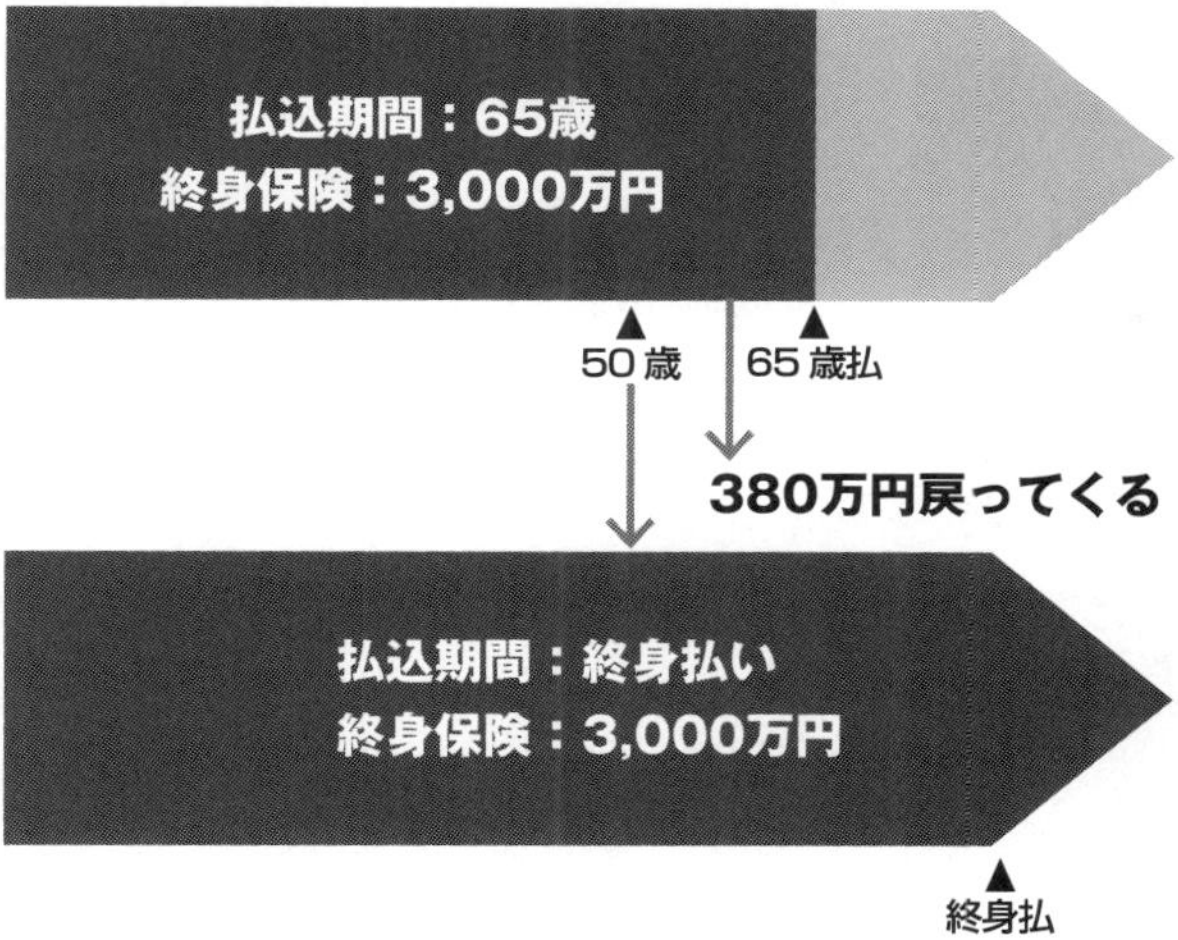

この方法であれば、終身保険を継続しながらも、若干ですが保険料負担が削減でき、手元資金が得られます。

さらに、保険料の払込期間を延長した後でも、延長定期保険に変更することが可能です。まず、さしあたっての手元資金を保険料の払込期間の延長で約３８０万円確保。それから状況に応じて契約者貸付・延長定期保険へ変更などの見直しをすることで、さらなる保険料負担の軽減と手元資金を確保しながら、３００万円の保障を継続することもできま

◉終身保険の裏ワザの効果

3,000万円の終身保険　60歳で死亡した場合

そのまま継続	支払った保険料	2,088万円
	死亡保険金	3,000万円
50歳で延長定期にした場合	支払った保険料	約1,392万円
	死亡保険金	3,000万円
50歳で契約者貸付＋延長定期	支払った保険料	1,323万円
	死亡保険金	2,500万円
	受け取った一時金	500万円
50歳で終身払いに変更	支払った保険料	1,920万円
	死亡保険金	3,000万円
	受け取った一時金	380万円

す。

終身保険は保障切れがなく必ず死亡保険金を受け取れるものではありますが、万一のときには知恵を絞り、状況に応じた活用法を選択していくことで、より保険の効果を高めることができます。

第2章

目からウロコの医療保険の賢い入り方

医療保険の保障は、どのような内容になっているか

医療保険の基本的な保障内容は「入院給付金」と「手術給付金」となっていて、それに加えて「先進医療」「通院給付金」などのさまざまな特約が準備されています。入院給付金については、入院１日に対していくらの給付金が受け取れるかをまず選択します。最低２０００円から加入できる保険商品もありますが、３０００円や５０００円以上でないと加入できないものが一般的です。

保障額の上限も、だいたい入院１日２万～３万円くらいと決まっています。加入する人の収入や職業でも規定があって、だいたい年収の３６５分の１が入院給付金日額の上限とされています。

また、１回の入院（１入院）で入院給付金を受け取れる日数には限度があります。30～１０９５日など、保険商品ごとに設定された日数のなかから選択します。

◉医療保険の基本的保障内容

入院給付金

●限度日数
- 30日・60日・120日・360日・730日・1,095日

●保障開始
- 日帰り入院から保障
- 1泊2日から保障
- 5日以上の入院を保障
- 8日以上の入院を保障
- 14日以上の入院を保障
- 20日以上の入院を保障

手術給付金

- 手術の種類に応じて入院給付金日額の5倍・10倍・20倍・30倍・40倍
- 手術の種類を問わずに一律10倍

保障期間

- 5年・10年間などで更新をしていくタイプ
- 60歳や80歳までといった一定の期間までの契約をする全期タイプ
- 保障期間が一生涯の終身タイプ

ひと昔前の医療保険（入院特約）では、１２０日や１８０日を限度としたものが主流でしたが、最近では入院日数の短縮化を受けて60日が主流となっているようです。

　さらに、かつては入院給付金には保障対象外となる期間（免責日数）が定められていました。けがで５日以上の入院となった場合、あるいは病気で８日以上の入院となった場合に入院給付金が支払われましたが、短期間の入院では保障の対象外とされていました。

　それよりも以前の契約では、14日

以上や20日以上の入院のみが保障の対象でした。入院給付金を請求したときに、初めて自分の入院した日数では保障を受けられないことを知り、落胆した人も多かったようです。

現在販売されている医療保険では、日帰り入院や1泊2日の入院からでも保障が受けられるものが主流となっています。

手術給付金は、手術の種類に応じて入院給付金日額の5倍・10倍・20倍・40倍と保障額が異なるタイプと、手術の種類を問わずに一律10倍などのように定額の保障となるタイプに大別されます。もっとも、すべての手術に給付金が支払われるわけではなく、保障対象外となる手術もあります。

医療保険に加入する前に知っておきたい社会保険制度

さて、どんなタイプの医療保険があなたに必要なのかを知るためにも、ここで社会保険制度について少し触れておきましょう。
けがや病気で診療を受ける場合、以下の3種類があります。

①一般の保険診療

健康保険の対象の治療方法。

②保険診療と評価療養・選定医療との併用

健康保険の対象となる診療と、健康保険は対象にならないものの、保険診療と併用して行うことが認められている治療方法との併用。

③自由診療

健康保険で認められていない薬剤や医療機器を使用した治療を受けること。

現役世代の方が一般的な保険診療を受けた場合、医療費の自己負担は基本的に3割です。

しかし、治療費がひと月に100万円かかった場合には、30万円を払わなければならないのかというとそうではありません。ひと月の上限額が定められていて、一定の金額（自己負担限度額）を超えた部分が高額療養費制度によって払い戻されます。

一般的な所得の方なら、実際には８万７４３０円の負担で済むのです。また、健康保険組合によっては独自の付加給付があり、さらに自己負担額は少なくなります。

日本は、世界でも優れた国民皆保険制度を実現していて、一般の保険診療の範囲内であれば、医療費の自己負担額が過度に重くならない仕組みとなっています。

健康保険の対象にならない治療に潜むリスクとは?

次に、健康保険がきかない診療についてお話します。

健康保険が適用されない診療は全額自己負担となります。ここにはいわゆる先進医療も含まれます。先進医療には高額なものがあり、たとえば、がんに対する重粒子線治療は３００万円もの治療費がかかるといわれています。しかし、健康保険対象の治療ではないため、その10割が自己負担となり、高額療養費制度も利用できま

◉窓口での負担割合

就学後～70歳未満の被保険者・被扶養者（一般の人）		3割
義務教育就学前の被扶養者		2割
70歳以上の被保険者・被扶養者	一般	1割
	現役並み所得者	3割

健康保険を扱っている病院･診療所（保健医療機関）に被保険者証（70歳以上は高齢受給者証）を提示すれば必要な医療を受けられる。このときかかった医療費のうち、上記割合を一部負担金として支払う

◉高額医療費の計算例

入院して１か月の医療費が100万円かかったとき

（70歳未満）

いったん3割を窓口で支払った例

●窓口での一部負担金＝100万×3割＝30万円

●自己負担限度額の計算

80,100円＋（100万円－267,000円）×1%＝87,430円

●高額医療費として還付される額

支払った30万円－限度額87,430円＝212,570円の還付

事前に限度額の認定を受けることにより、医療機関の窓口での支払いが自己負担限度額までで済む。認定は保険者が行う。（協会けんぽ加入なら協会けんぽに申請し「健康保険限度額認定証」を交付してもらう）ただし、食費・居住費の標準負担額および差額ベッド代等保険適用外費用は対象外

◉70歳未満の自己負担限度額

上位所得者	・15万円＋（医療費総額－50万円）×1% ・高額医療費の支給が直近12か月に４回目以降…83,400円 ●健康保険：標準報酬月額53万円以上の人 ●国民健康保険：世帯の国保者全員の基礎控除後の所得合計600万円超
一　般	・80,100円＋（医療費総額－267,000円）×1% ・高額医療費の支給が直近12か月に４回目以降…44,400円

せん。

また、自ら希望した療養環境（差額ベッド代）は全額自己負担となり、これも高額療養費の対象外です。

さらに、もっとも高額な負担を強いられるのは自由診療扱いとなってしまった場合です。

日本では認可されていない薬剤の投与を希望した場合などでは、その薬剤の費用のみならず、それまで受けていた健康保険の範囲内の診療もすべてが自由診療と見なされてしまうのです（ただし、特例で保険適用される仕組みもスタートしました）。初診にさかのぼって患者の全額負担となり、高額の医療費を請求されることになります。もちろん、これも高額療養費の払い戻しは受けられません。

これが現在の日本の医療保険制度においては、もっとも過酷となる状況だといえます。健康保険のきかない薬や治療方法を行うことは究極の選択となり、現実的にその選択を諦めざるを得ないケースも少なくないのです。

このような社会保障制度の現状を踏まえたうえで、あなたに最適な医療保険を検

◉一般の保険診療では（保険診療）

保険適用分が**100万円**とすると

- 診察・検査・注射・入院等一般治療と共通する部分で保険より給付される部分
- 患者の一部負担＝**30万円**（100万円の3割）
  高額療養費の返還額⇒**212,570円**

自己負担額＝一部負担金約**8.7万円**

◉保険のきかない治療—保険外併用療養費

保険外診療分が**50万円**とすると

- 評価療養・選定医療（全額自己負担）＝**50万円** → 患者が負担 **高額療養費の対象外**

保険適用分が**100万円**とすると

- 診察・検査・注射・入院等一般治療と共通する部分で保険より給付される部分
- 患者の一部負担＝**30万円**（100万円の3割）
  高額療養費の返還額⇒**212,570円**

自己負担額＝一部負担金約**8.7万円**＋保険外診療分**50万円**＝約**58.7万円**

◉保険のきかない治療—自由診療を行うと

- 保険の使えない治療（全額自己負担）＝**50万円**

これまでと同じ治療の部分も保険が使えなくなる**100万円**

- 診察・検査・注射・入院等一般治療と共通する部分で保険より給付されていた部分も全額自己負担
- 高額療養費の払い戻しも適用外

→ **全額自己負担**

自己負担額＝**150万円**

証していきましょう。

医療保険の基礎①
一番得する保障期間はどれか？

医療保険の保障期間は5年・10年間などで更新をしていくタイプと、60歳や80歳までといった一定期間までの契約をする全期タイプ、保障期間が一生涯の終身タイプがあります。

保険会社や保険商品によっても保険料は異なりますが、30歳男性が入院1日1万円の医療保険に加入した場合の、保障期間・入院給付金の限度日数による保険料の違いを63ページの図にまとめてみました。保険料は、上段から順に30日限度、60日、120日、180日、1095日となっています。

それでは、80歳までの保障を得るために必要となる金額を、タイプ別に比較をしてみたいと思います。現在の主流となっている60日型で比較してみましょう。

①10年更新タイプ

毎月の保険料は30歳からは２７３０円、40歳からは３３２０円、50歳からは４７１０円、60歳からは７９３０円、70歳からは１万２９８０円と、更新のたびに保険料が高くなります。50年間の保険料総額は、３８０万４００円です。

②保障期間80歳

始めから80歳までの全期タイプで契約すると、毎月の保険料は３８８０円です。10年更新よりも加入時の保険料は高くなります。

しかし、50年間同じ保険料なので、50歳以降は10年更新タイプよりも安い保険料となります。保険料払込総額は２３２万８０００円となり、10年更新タイプよりもかなり削減されます。

③保障期間終身・保険料払込期間終身

現在販売されている医療保険の主流となっている終身タイプです。

毎月の保険料は４２７０円となります。一生涯の保障なので、80歳で保障が切れてしまうという心配もありません。また、80歳までに支払う保険料の総額は２５６万２０００円となります。①・②との比較のために80歳で解約したという前提にすると、30万４０００円の解約金（死亡保険金）が戻ります。保険料払込総額から解約金を差し引くと、80歳までの保障を得るために実質負担した額は２２６万１６００円となります。

④保障期間終身・保険料払込期間60歳

60歳で保険料の払込は終了しますが、保障は一生涯継続するタイプです。

毎月の保険料は５９５０円で、保険料払込総額は２１４万２０００円となります。80歳で解約した場合には43万１２００円の解約返戻金が受け取れます。すると、50年間の実質負担した額は１７１万８０００円となり、払込保険料総額、実質負担ともに各タイプを大きく下回ります。

30歳　男性　入院１日１万円

①保障期間　10年

月払保険料	月払保険料	月払保険料	月払保険料	月払保険料	50年間の保険料累計
2,330円	2,820円	3,980円	6,620円	10,680円	3,171,600円
2,730円	3,320円	4,710円	7,930円	12,980円	3,800,400円
3,020円	3,660円	5,260円	8,860円	14,690円	4,258,800円
3,120円	3,770円	5,450円	9,130円	15,250円	4,406,400円
3,370円	4,100円	6,120円	9,980円	16,850円	4,850,400円

▲30歳　▲40歳　▲50歳　▲60歳　▲70歳　▲80歳

②保障期間　80歳

	月払保険料	50年間の保険料累計
30日限度	3,250円	1,950,000円
60日限度	3,880円	2,328,000円
120日限度	4,350円	2,610,000円
180日限度	4,500円	2,700,000円
1095日限度	4,950円	2,970,000円

▲30歳　▲40歳　▲50歳　▲60歳　▲70歳　▲80歳

③保障期間　終身／保険料払込期間　終身

	月払保険料	50年間の保険料累計	80歳時点の解約返戻金	50年間の実質負担
30日限度	3,520円	2,112,000円	228,200円	1,883,800円
60日限度	4,270円	2,562,000円	300,400円	2,261,600円
120日限度	4,810円	2,886,000円	356,700円	2,529,300円
180日限度	4,980円	2,988,000円	378,600円	2609,400円
1095日限度	5,490円	3,294,000円	414,100円	2,879,900円

▲30歳　▲40歳　▲50歳　▲60歳　▲70歳　▲80歳　▲一生涯

④保障期間　終身／保険料払込期間　60歳

	月払保険料	保険料累計	80歳時点の解約返戻金	50年間の実質負担
30日限度	4,880円	1,756,800円	334,600円	1,422,200円
60日限度	5,950円	2,142,000円	431,200円	1,710,800円
120日限度	6,720円	2,419,200円	505,400円	1,913,800円
180日限度	6,990円	2,516,400円	533,300円	1,983,100円
1095日限度	7,700円	2,772,000円	585,300円	2,186,700円

▲30歳　▲40歳　▲50歳　▲60歳　▲70歳　▲80歳　▲一生涯

※表示されている保険料解約返戻金は、保険会社、保険商品、加入年度によって異なります。

65ページのグラフには年齢ごとの実質負担も示しておきましたので参考にしてください。

どのタイプで加入するのが一番得なのかを考えた場合、80歳まで保障を準備するなら、終身タイプで払込期間が短いほうが、実質的な負担額は少なくなりそうです。

また、実質負担の多い少ないという観点の他にも、保障の必要な期間を考えてみると医療保険の保障期間の選び方は、死亡保険とは異なります。

死亡保険は「子供が成人するまで」「退職するまで」「年金が給付される年齢まで」など、一定期間の保障を準備しようとすることも多いのですが、入院時に備える医療保険はいつまで保障があればいいというものではありません。年齢を重ねて入院リスクがどんどん高まったときに、もう医療保険はいらないとは考えにくいからです。

現在では長寿化に加えて高齢者であっても医療費の自己負担が必要となったことで、医療保険は一生涯の保障をという考え方が主流になってきています。

しかし、定期保険や終身保険といった死亡保険の保障内容は30年前とあまり変

◉30歳で加入したときのタイプ別医療保険の実質負担

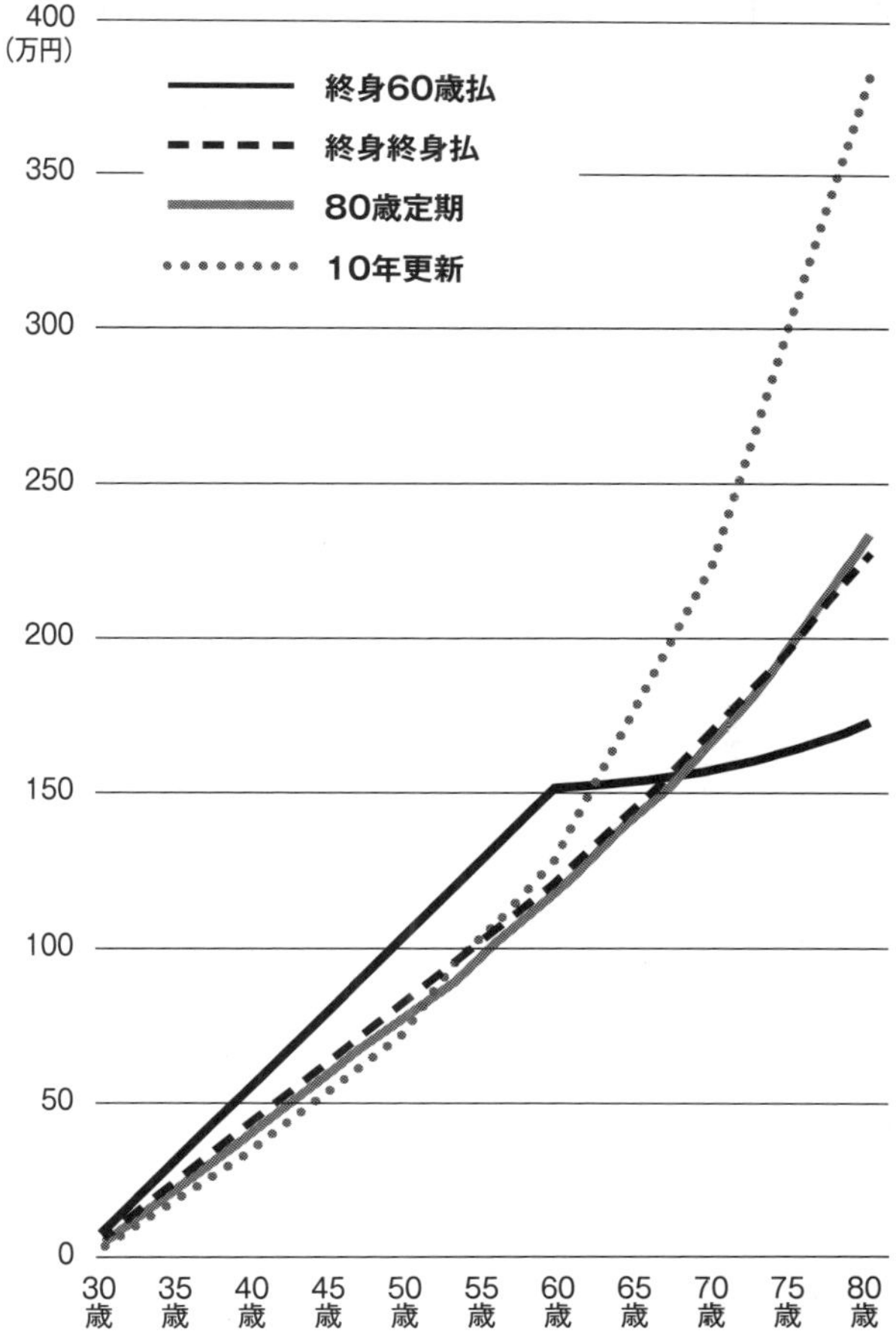

わってはいませんが、医療保険は日進月歩で様変わりしています。今後も社会保障制度に合った新商品が発売されれば、入り直す可能性も高いともいえます。一生涯の保障を得ようと思って加入していても数年で解約してしまうことも想定すると、10年更新タイプのほうがその間の実質的な負担額は少ないといえます。必要な保障期間と解約して加入し直す可能性を考慮に入れて、自分に合ったタイプを選びたいものです。

医療保険の基礎②
入院日数を選ぶときのポイント

次に1入院の保障限度日数について考えてみたいと思います。

年齢、あるいは病気の種類やけがの状態にもよりますが、入院日数は年々短縮傾向にあります。厚生労働省「病院報告」によると、平成23年度の一般病床の平均在院日数は19・5日となっています。

◉入院時の入院日数

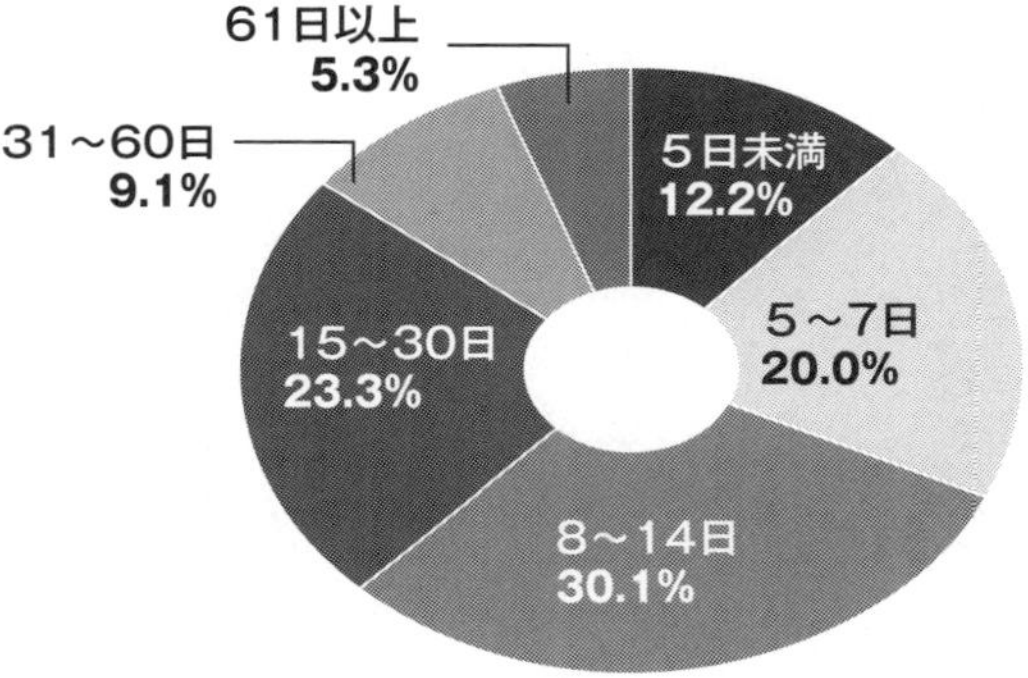

出展：(財) 生命保険文化センター　平成22年度「生活保障に関する調査」

◉入院日数の変遷

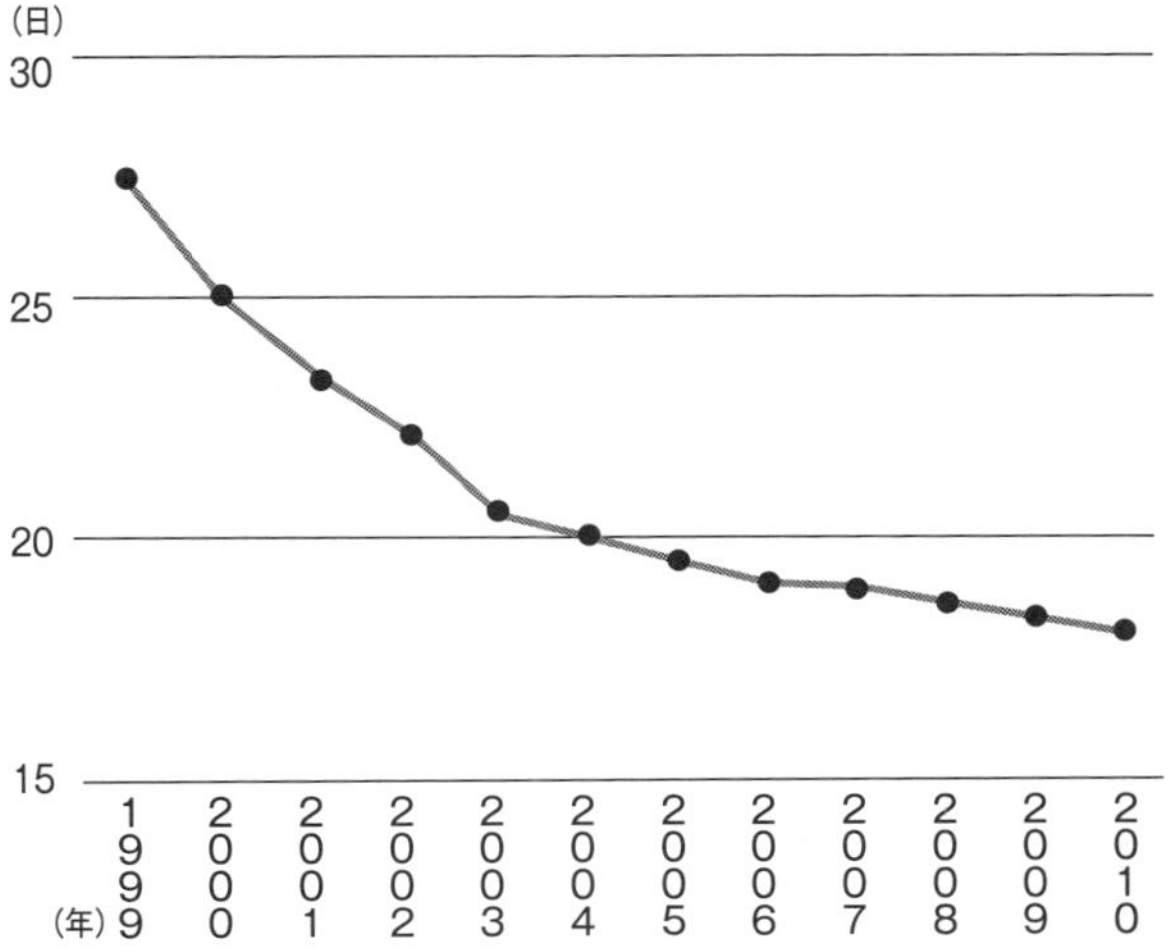

医療技術の進歩に加え、政府が入院日数の短縮などの医療費抑制策を行った影響も大きいようです。今後どこまで短縮していくかはわかりませんが、一転して長期化するとは考えにくいでしょう。

こうした入院日数の短縮化を受けて、１入院の限度日数が60日型の医療保険が主流となっていますが、何日タイプを選べば良いのかは考えどころです。生活保障に関する調査のデータを参考にすると退院患者の62％は２週間以内に退院できているため、30日タイプでもよさそうな気もします。

一方で、その程度の入院なら、保険なんて入っていなくても困らないし、30日で打ち切りとなる保険にお金を払うなら貯金をしていたほうがまし。万一長期入院となってしまった場合こそ保険が必要になるのだから、保険料が多少高くても、１０９５日まで保障してくれる医療保険に加入しておきたいとも考えられます。

また、「１入院」のカウントの仕方についても理解しておく必要があります。じつは退院の翌日から１８０日以内に再入院をした場合、それが同じ病気や医学上重要な因果関係があるとみなされれば、違う病名や部位であっても一連の入院とされてしまうのです。

たとえば、1月1日～30日まで入院した方が、再発や症状が悪化して6月1日から再入院したとしましょう。このようなケースでは１８０日以内の再入院なので入院日数が31日目からのカウントとなります。30日タイプなら2度目の入院では給付が受けられず、60日タイプであっても保障日数は残り30日で打ち切られてしまうのです。

まったく原因が異なる病気やけがでの入院であれば、１８０日を経過していなくても別の入院とされ、新たに１日目からカウントが始まります。ただ、抗がん剤治療など定期的に継続して入院治療を行うような場合では、入院日数のカウントはリセットされずに累積されていき、限度日数を超えてしまうこともあるのです。

このようなことも考慮に入れて、１入院限度日数を選択することが必要となります。

医療保険にはＣＭで謳うほどのメリットはない？

死亡保障市場が飽和状態となるなかで、保険会社は医療保険などいわゆる第三分野の商品に軸足を移し、有名タレントを起用したＣＭ合戦を繰り広げています。

そんな医療保険のＣＭでよく引き合いに出されるのが、生命保険文化センターが行う「生活保障に関する調査」のデータです。平成19年度版のデータでは「入院時の自己負担費用」が平均30・１万円、「１日あたりの自己負担費用」が平均２万１０００円となっていましたが、これには高額療養費制度による払い戻し前の金額が使われていたのです。平成22年度版ではようやく高額療養費制度の利用後の金額となり、「入院時の自己負担費用」が平均20・６万円、「１日あたりの自己負担費用」が平均１万６０００円となっています。

一方、加入している医療保険の入院給付金の日額は、男性１万１０００円、女性

◉主な死因別にみた死亡率の年次推移

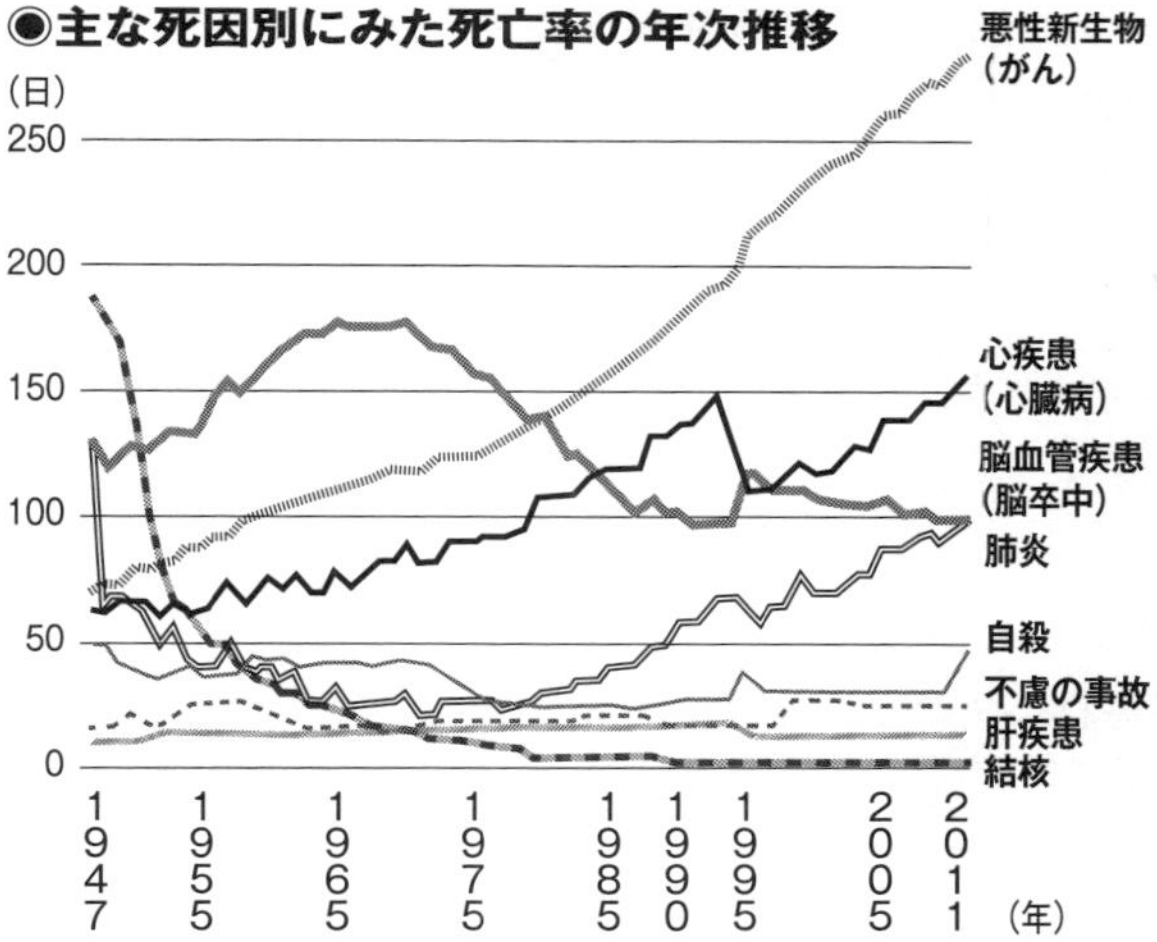

９２００円となっています。15年前と比べると男女とも４割以上も増えているのですが、それでもまだ「充足感がない」と考えている人が半数以上を占めるといいます。

しかし、そんなに医療保険は必要で効果的なものなのか、頭を冷やしてよく考えてみる必要がありそうです。

もし病気になっても保険診療の範囲内であれば、大きな負担は強いられない仕組みがあります。それに、サラリーマンなら働けない状態となっても、１年６か月の間は給与の３分の２が傷病手当金で保障されています。

◉病気別・年齢階級別平均在院日数

主な傷病	総数	男	女	0～14歳	15～34歳	35～64歳	65歳以上	70歳以上	75歳以上
全体	35.6	34.3	36.7	8.9	13.0	29.5	47.7	50.2	54.2
結核	60.3	64.8	52.4	10.6	37.9	60.3	63.8	63.0	64.8
ウイルス性肝炎	16.9	17.2	16.6	8.1	12.3	13.8	23.7	31.0	39.9
胃の悪性新生物	26.8	24.1	32.9	20.5	19.1	21.2	29.2	31.6	35.9
大腸の悪性新生物	19.2	18.4	20.4	5.2	13.3	14.8	21.7	23.5	26.5
肝及び肝内胆管の悪性新生物	22.4	20.7	26.2	41.5	16.4	17.9	23.7	25.0	27.0
気管、気管支及び肺の悪性新生物	27.2	26.3	29.2	25.6	12.3	23.5	28.8	30.2	33.6
糖尿病	38.6	32.0	47.1	19.0	14.8	21.7	53.4	59.6	65.5
血管性及び詳細不明の認知症	327.7	251.9	379.6	−	−	543.4	321.2	323.8	324.8
総合失調症、総合失調症型障害及び妄想性障害	543.4	654.9	443.0	52.3	103.8	440.5	1,231.6	1,353.5	1,400.1
高血圧性疾患	45.8	25.5	56.9	24.9	9.4	18.7	52.4	55.7	59.4
心疾患（高血圧性のものを除く）	24.2	16.7	35.3	12.7	13.0	11.2	29.0	32.8	38.2
脳血管疾患	104.7	85.3	125.8	23.2	29.8	57.6	118.4	125.1	136.3
食道、胃及び十二指腸の疾患	19.6	19.7	19.5	9.7	19.8	15.9	21.9	23.3	23.9
肝臓疾患	29.8	27.6	33.2	12.7	14.3	22.2	37.8	41.4	42.7

注1：平成20年9月1日～30日に退院した者を対象としたもの。
注2：総数には、年齢不詳を含む。
（厚生労働省「患者調査」／平成20年）

医療保険の最も基本的な保障は入院給付金ですが、一般病床の平均入院日数は約19日と短縮化しています。それに伴って、医療保険の効果は見い出しにくくなってきました。

現在では１入院の保障限度日数を60日とし、解約返戻金をなくして保険料を割安に抑えた商品が主流になっています。しかし、割安といえども、30歳男性が入院１日１万円の契約をした場合、80歳までに払い込む保険料は２００万円をゆうに超えています。

ところが、受け取れる給付金は平均在院日数で計算すれば、19万円＋手術給付。どんなに入院が長引いても、１入院の保障限度日数が60日であれば、60万円＋手術給付金なのです。

こんな程度の保障のために、60歳払いの終身タイプでも１７１万円、10年更新となると３８０万円もの保険料を負担するのはどうなのでしょうか？

若いころにスキーで骨折。中間管理職になって胃潰瘍を患い、運悪く交通事故にも遭いました。お腹が出てきて糖尿病になり、ヘビースモーカーであったことがたたり最後は肺がんとなってしまったような、波乱万丈な入院生活を繰り返した方であっても、払い込んだ保険料総額を超える給付金を受け取ることは難しいのかもしれません。

実費に対する全額の保障ではない

「医療保険は必要ない」というのは極端な考え方かもしれませんが、貯蓄や借入れで対応したほうが合理的とも思えてしまいます。

なぜ、こんなにも医療保険は割りに合わないものなのかと考えてみると、どうやら他の保険とは保障されるルールが異なるのが原因のようです。

たとえば自動車保険では、相手の車の修理費用、けがをされた方の治療費・休業損害・慰謝料などが補償されます。車両保険に加入していれば自分の車の修理費用が、人身傷害に加入していれば自分や自分の車に同乗していた家族の治療費・休業損害までも、事故によって被る一連の損害を補償してくれます。

あるいは総合型の火災保険では、火事でも洪水でも竜巻や盗難でも、その災害がもたらした損害が補償されます。

しかし、医療保険は、病気やけがで働けなくなって減った収入は保障されません。健康保険の自己負担分や差額ベッド代などの医療費が保障されるわけでもありません。また、健康保険の使えない自由診療の医療費を健康保険に代わって負担してくれるわけでもありません。

入院している日数×1日いくらという定額払いで、病気やけがによる経済的な負担が全額保障されるわけではないのです。

まして、入院日数がどんどん短縮化され、自宅での療養期間が長くなる状況では、より給付を受けにくい保険となってしまっているのです。

医療保険の裏ワザ①
先進医療特約の効果をアップさせる㊙テク

そんな医療保険でも、高額な治療費を実費で保障してくれる特約が登場しました。「先進医療特約」は、高い治療効果が期待できても、その治療費が大きなハードルとなっていた先進医療を、だれでも利用可能な治療方法に変えてくれました。「先進医療特約」に加入していると、健康保険の使えない先進医療を受けた場合、1000万円などを限度に技術料の実費が保障されるのです。

先進医療特約は、毎月100円程度の保険料で最先端の治療を選択できるように備えることができる、効果的な特約といえます。しかし、残念ながらこの先進医療の保障だけで加入できる医療保険はありません。

あくまでも入院給付金を基本契約として加入する必要があります。ですから、先進医療の保障を得ることを目的として医療保険に加入し、入院給付金の日額は最低

◉主な先進医療にかかる費用

技術名	平均費用	平均入院期間	年間実施件数	医療機関数
子宮頸部前がん病変のHPV-DNA診断	12,200円	—	134件	3機関
エキシマレーザーによる治療的角膜切除術	163,100円	2.7日	9件	3機関
骨髄細胞移植による血管新生療法	230,394円	60.3日	37件	17機関
腹腔鏡下肝部分切除術	246,674円	25.0日	9件	10機関
インプラント義歯	589,683円	3.8日	485件	44機関
自己腫瘍（組織）を用いた自己リンパ球移入療法	623,094円	12.0日	152件	3機関
HLA抗原不一致血縁ドナーからの造血幹細胞移植	1,221,400円	153.6日	5件	1機関
エキシマレーザー冠動脈形成術	1,855,995円	17.3日	55件	9機関
脊椎腫瘍に対する腫瘍脊椎骨全摘術	2,016,400円	56.6日	18件	1機関
悪性腫瘍に対する粒子線治療	2,851,409円	31.4日	533件	3機関
固形がんに対する重粒子線治療	3,107,095円	33.2日	453件	2機関

※平均費用、平均入院期間、年間実施件数の調査期間（平成17年6月1日～平成18年6月30日）
※医療機関数の調査期間（平成20年6月1日現在）

限で契約する。あとは貯蓄で備えておく。これが医療保険の合理的な加入方法ではないかと思います。

それでも、１日３０００円程度の保障では不安だ、１万円は加入しておきたいと思われる方もいるでしょう。そんな方には、ひとつの保険会社で日額１万円の医療保険に加入するのではなく、３０００円・３０００円・４０００円などのように複数の保険会社で分けて契約をし、それぞれに先進医療の特約を付けておくことをお勧めします。

もっとも、盲腸で入院したような場合には、それぞれの契約に対して診断書を取らなければならず、余分な出費となってしまう可能性があります。ただ、先進医療を受けなければならないような大事となった際には、それぞれの契約から先進医療の保障を受け取ることができるのです。

３００万円の重粒子線治療を受けた場合には、３つの医療保険から３００万円ずつ、９００万円が受け取れるのです。

実際にかかる治療費以上に先進医療の給付金を重複して受け取り、焼け太りをするのかと思われる方もいるかもしれません。しかし、最も困ったときに最も効果的となるように加入をしておけば、費用対効果で疑問の残る医療保険も納得のいくものになるのではないでしょうか。

医療保険の裏ワザ②
差額ベッド代は室料差額給付特約で対応

人のいびきや歯ぎしりの中では寝られないという方は、毎日睡眠不足に悩まされていては治療にも差し支えます。また、入院中も携帯電話やパソコンで仕事のやり取りをしなければならないという方もいるでしょう。こういった場合は個室に入ることを検討せざるを得ません。

こんな方は個室の室料に備えて、やみくもに入院給付金の日額を高くするのではなく、室料差額特約を付けるという方法があります。この特約は５０００円・１万円・２万円などの金額で設定するのですが、入院給付金の保険料に比べて約半額程

◉1日あたりの料金別差額ベッドの病床割合

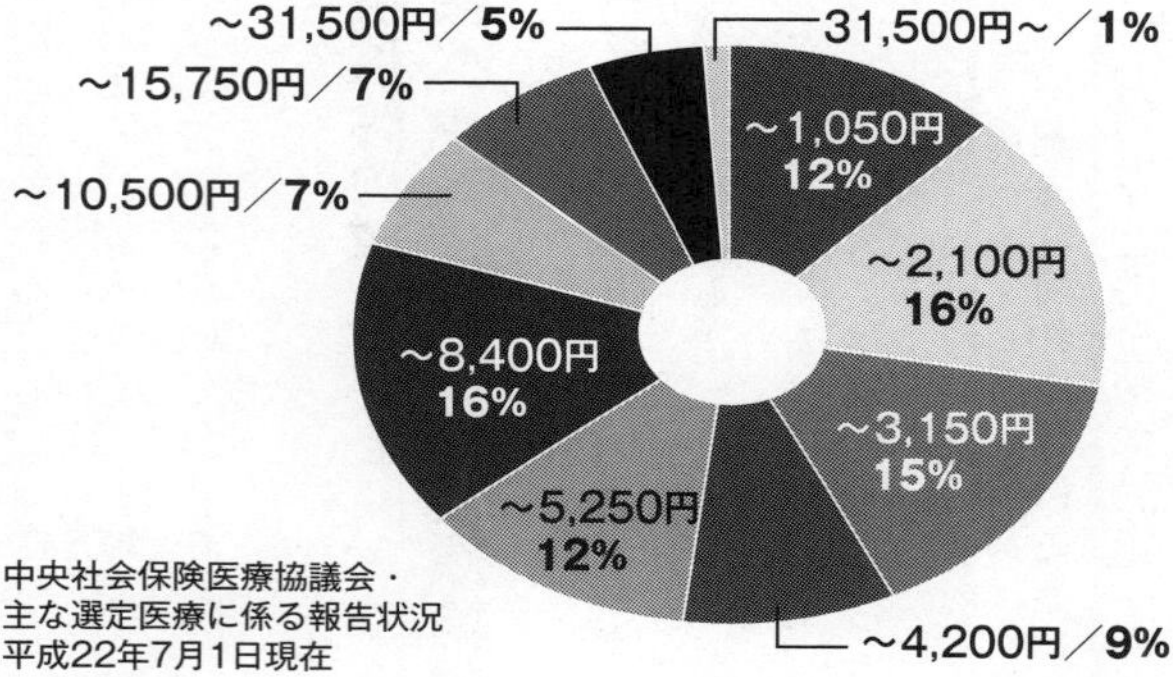

中央社会保険医療協議会・
主な選定医療に係る報告状況
平成22年7月1日現在

度となります。

単に入院するだけではこの特約から給付は受けられず、病院より差額室料の請求を受けた場合に、請求された差額室料、もしくは加入した室料差額特約の日額の金額の低いほうが支払われます。つまり、差額ベッドを使わなければ出ない保障です。

この特約に加入していれば、通帳の残高を気にすることもなく個室に入院する環境を整えることができます。自分が望むグレード以上の金額設定は無駄でしかありませんので、近隣病院の差額室料をリサーチして、室料差額特約の日額を設定してみてはいかがでしょうか。

医療保険の裏ワザ③
掛け捨てにならない医療保険が新登場

近年の医療保険は解約返戻金をなくし、または少額にして保険料を割安に抑えるというものでした。しかし、割安といっても払い込む保険料は相当な金額になり、それを上回る給付金を受け取れるケースは稀なのではないかと思ってしまいます。

ところが、ようやく納得のいくコンセプトの医療保険が発売されました。東京海上日動あんしん生命のメディカルＫｉｔＲは、何も給付金の請求をしなかった場合は、70歳でそれまでに払い込んだ保険料の全額（特約部分は除く）が払い戻されます。もしも、給付金を受け取っているのであれば、払い戻される金額から受け取った給付金の額が差し引かれるという仕組みです。

要するに自分の貯金で対応しているようなものですが、万一の場合はそれまでに貯まった貯蓄の額を超える保険効果も得られ、何事もなければ70歳で払い込んだ保険料の全額が払い戻されるのです。医療保険は無駄だから貯蓄で備えたほうが合理的かもしれないけれど、それだけでは不安という方にも納得できる医療保険だと思います。

70歳以降に支払う保険料は戻ってきませんが、保険料を払い続ければ一生涯の保障が得られ、魅力的な商品といえます。残念ながら50歳以上の方は加入できませんが、このメディカルＫｉｔＲの発売をきっかけに、各保険会社からも合理的な医療保険が発売されることを期待します。

医療保険の裏ワザ④
昔の医療保険にはこんな落とし穴も

さて、医療保険でも、万一余命を宣告されるようなことになった場合に、注意が必要な保険があります。

ひと昔前に発売されていた医療保険やがん保険では、解約する時期にもよりますが、払い込んだ保険料の５割以上の解約返戻金が受け取れる保険商品が一般的でした。

それらの商品では死亡時には解約返戻金と同額の死亡保険金が支払われることが多いのですが、解約返戻金があるにもかかわらず、死亡した場合には死亡保険金がまったく支払われない医療保険も販売されていました。

それまでに払い込んだ保険料が２００万円程度あって、解約をすれば１００万円以上もの解約返戻金が払われる状況でも、死亡した場合には１円たりとも給付を受けられないのです。

いよいよ年貢の納め時と感じたときに解約をするしか、この不利益を回避する方法が見当たりません。亡くなってしまってからではすべて没収となってしまうのです。なんとも理不尽な究極の選択を迫られる医療保険が販売されていたのです。

こんなタイプの医療保険に加入されているのであれば要注意です。長期の入院で１入院限度日数を超えてしまい、入院中でも給付金がすでに停止されているような状態や、在宅での緩和ケアに切り替えられてしまった場合などでは、解約返戻金の額を確認したうえで解約を検討する余地があるかもしれません。

第3章

生命保険 一番得する入り方

常識が非常識に

アカウント型保険と名付けられているけれど、その実態は……

ひと昔前、定期保険特約付終身保険は世間で酷評されていました。

「10年更新の定期保険特約付終身保険はひどい。更新ごとに保険料が高くなることの説明もなく、60歳や65歳で急に保障も激減してしまう。その間に払い込んだ保険料も、ほとんどが掛け捨てだ」

こんな論評がTVや雑誌で盛んに取り上げられて、今では定期保険特約付終身保険は大手保険会社の主力商品のラインナップからほとんど姿を消してしまいました。

その定期保険特約付終身保険にうって変わって登場したのが、「アカウント型保険」や「ファンド型保険」と呼ばれる商品で、現在の主力商品となっているようです。

ところが、商品名や商品コンセプト、多少の仕組みは変われども、アカウント型

◉アカウント型保険＝利率変動型積立終身保険

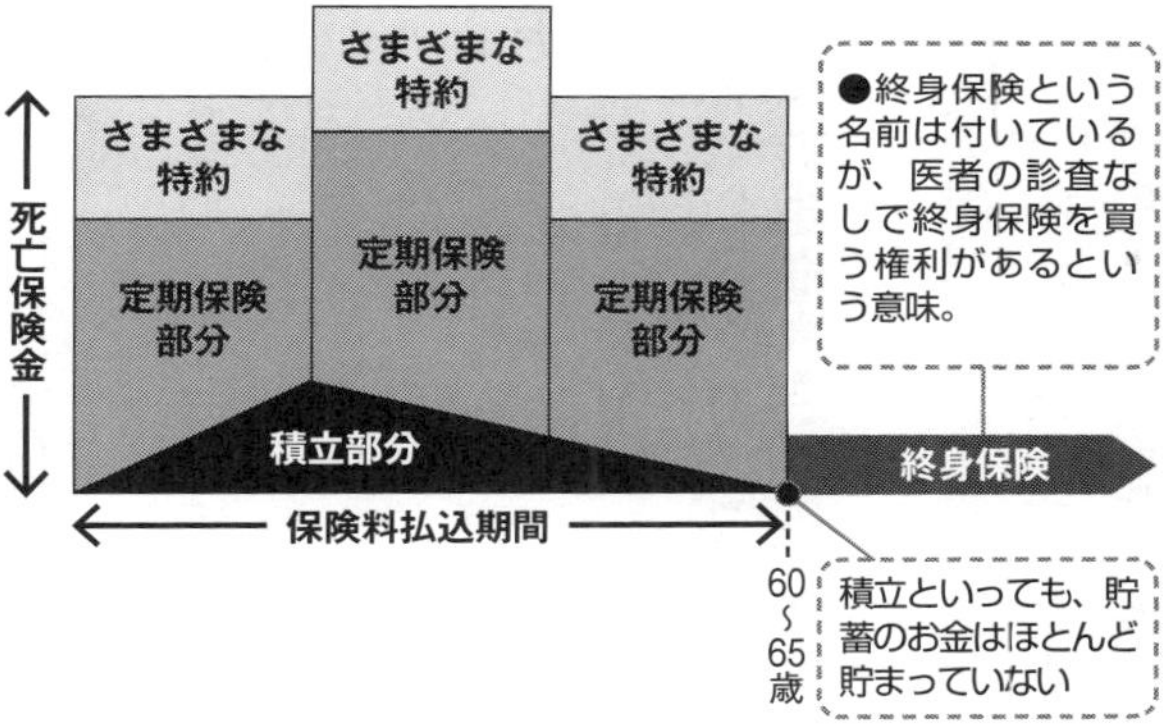

アカウント型保険とは、保障部分と積立金部分を明確に分けた設計になっています。毎月払う保険料から、定期保険特約や医療保険特約などの保障部分に必要な保険料と、積立金として貯蓄保険料に振り分けられます。積立金は所定の利息で運用され、保険料払込期間の満了時点で、積立金部分に貯まった金額に応じて終身保険や個人年金保険へ移行できる仕組みになっています。

しかし、実際に提案されているプランでは、積立金部分に充当される金額は毎月の保険料のうち、100円など1,000円以下のプランニングも多いようです。これではアカウント型保険の機能は絵に描いた餅となり、それまでの定期保険特約付終身保険から終身保険も取り上げてしまったようなものと感じてしまいます。

保険の基本的な構造は定期保険特約付終身保険と同じ。定期保険特約が中心となっています。

さまざまな商品名やペットネームが付いた生命保険も販売されていますが、生命保険は基本的には、定期保険（収入保障保険・逓減定期保険）・養老保険・終身保険のいずれかの組み合わせとなります。

それでは生命保険の基本となる、定期保険・養老保険・終身保険の特徴を理解しておきましょう。

定期保険は加入の仕方で最終的な負担が大きく違う

定期保険の保障期間は1年・5年・10年といった短期のものから、80~100歳までといった長期にわたる契約をすることも可能です。

短期間のものは貯蓄性がほとんどなく掛け捨てとなるため、養老保険など貯蓄性のある保険と比較すると保険料は非常に安いといえます。長期間のものも最終的には保障期間満了で保障も解約金もなくなり掛け捨てとなってしまいますが、保障期間の途中で解約をした場合には、期間に応じた解約返戻金が払い戻されます。

それでは、30歳男性が30年間、５０００万円の保障を準備しようとしたケースを例に、10年更新・60歳（30年）・80歳・１００歳の保障期間で定期保険に加入した場合の比較をしてみましょう。

①10年更新タイプ

10年ごとに更新となる定期保険で、80歳や90歳といった保険会社所定の年齢になるまでは健康状態を問わず、自動的に更新していくことが可能です。更新時での年齢と保険料率で保険料が再計算されるため、更新のたびに保険料は高くなります。

10年後の年齢までの死亡率などを基に保険料が計算されているため、加入時の保険料は最もリーズナブルです。30〜60歳までの保障を必要とした方などにも、大手保険会社ではこの更新していくタイプで提案することが主流のようです。

保険料は30歳からは８４００円、40歳からは１万４７００円、50歳からは３万５００円となり、30年間の保険料の払込総額は６４３万２０００円になります。

②定期保険60歳満了（30年更新タイプ）

このタイプは更新することなく、30年の保障期間で契約をする方法で、保険料は毎月１万６２００円。30年間は保険料の変更はありません。30年後の年齢までの死亡率などを基に保険料が計算されていて、10年更新タイプに比べると加入当初の保険料は高くなります。

しかし、30年間の保険料払込総額は約５８３万円となり、30年後を無事に迎えられた場合には、こちらのほうが保険料負担が少なかった計算になります。

③定期保険80歳満了

保障を60歳まで準備しようとした場合でも、80歳までの保障期間で契約をしておいて、60歳の時点で本当に保障が不要ならば解約をするという加入方法です。保険

30歳　男性　保障額　5,000万円

①定期保険　10年更新　　30年間の保険料 約**643万円**

30歳〜40歳	40歳〜50歳	50歳〜60歳	60歳〜70歳	70歳〜80歳
月払保険料 8,400円	月払保険料 14,700円	月払保険料 30,500円	月払保険料 65,400円	月払保険料 165,000円
払込保険料累計 100,800円	払込保険料累計 2,772,000円	払込保険料累計 6,432,000円	払込保険料累計 14,280,000円	払込保険料累計 34,080,000円

30歳　40歳　50歳　60歳　70歳　80歳

②定期保険　60歳　　30年間の保険料 約**583万円**

◎月払保険料
16,200円
◎払込保険料累計
5,832,000円

30歳　40歳　50歳　60歳　70歳　80歳　一生涯

③定期保険　80歳　　30年間の保険料 約**307万円**

◎月払保険料
37,850円
◎払込保険料累計
13,626,000円
◎30年後の解約返戻金
10,550,000円
◎30年間の実質負担
3,076,000円

30歳　40歳　50歳　60歳　70歳　80歳　一生涯

④定期保険　100歳　　30年間の保険料 約**6万円**

◎月払保険料
63,100円
◎払込保険料累計
22,716,000円
◎30年後の解約返戻金
22,650,000円
◎30年間の実質負担
66,000円

30歳　40歳　50歳　60歳　70歳　80歳　100歳

※表示されている保険料·解約返戻金は、保険会社、保険商品、加入年度によって異なります。

料は毎月3万7850円になるため、いたずらに保険料が高くなっているように思えるかもしれません。

ただし、30年間の保険料払込総額1362万6000円に対して、60歳時点で解約した場合には、1055万円の解約返戻金が戻ります。払い込んだ保険料と解約返戻金の差額を実質の負担と考えれば、その金額は約307万円となります。①や②よりも少ない負担で、30年間5000万円の保障が確保できたといえます。

また、保障が必要であればこれまでと同じ保険料で80歳まで保障を得ることが可能です。

④定期保険100歳満了

③と同様の考え方で、60歳までの保障が欲しいという前提であっても、それを超える長期間で契約をしておいて、60歳の時点で解約する加入方法の最長プランです。保険料は毎月6万3100円と③よりもさらに高くなり、30年間の保険料総額は2271万6000円となります。しかし、60歳で解約した場合には2265万

円の解約金が戻り、実質負担はなんと約6万円まで削減されました。

更新できない場合がある定期保険特約には要注意

定期保険には「年満了」と「歳満了」の2つのタイプがあります。自動更新できる年満了を選んだほうがいいことは前述したとおりです。

しかし、年満了の契約となっていても安心するのはまだ早いのです。

定期保険を主契約としているのであれば、80歳や90歳まで自動更新が可能となるのが一般的ですが、「定期保険特約」となると話は別です。定期保険特約だと、終身保険やアカウント部分などが基本契約（主契約）となり、定期保険部分は基本契約に付随したオプションです。

この場合、定期保険特約の保障期間が10年更新となっていても、更新可能となるのは「基本契約の保障期間まで」であったり、「基本契約の保険料払込期間満了まで」

となり、それ以降は更新をしたくともできないといったことがあるので注意が必要です。

終身保険の裏ワザ①
最も有利な保険料の払込期間とは

一生涯の保障となる終身保険は、解約しなければ保障切れとなる心配はありません。ですから、必ず保険金を受け取れる、取りっぱぐれのない保険といえます。しかし、死亡保障ですので残念ながら自分では受け取ることはできず、家族が受け取ることになります。

終身保険については、定期保険のように保障期間を選択する必要はありません。選ばなければならないのは保険料の払込期間です。保険会社や商品、加入時の年齢などで選べる範囲は異なりますが、50歳、55歳、60歳のように5歳刻みで90歳や終身払いから選択できるのが一般的です。一時払いや3年払いなどの短期間での払い

30歳　男性　保障額　1,000万円

①終身保険　40歳払　　30年間の負担　約125万円

◎月払保険料
50,440円
◎30年間の払込保険料累計
6,052,800円
◎30年後の解約返戻金
7,308,000円
◎30年間の実質負担保険料
−1,255,200円

30歳　40歳　50歳　60歳　70歳　80歳

②終身保険　50歳払　　30年間の負担　約62万円

◎月払保険料
27,850円
◎30年間の払込保険料累計
6,684,000円
◎30年後の解約返戻金
7,308,000円
◎30年間の実質負担保険料
−624,000円

30歳　40歳　50歳　60歳　70歳　80歳

③終身保険　60歳払　　30年間の負担　約−1万円

◎月払保険料
20,340円
◎30年間の払込保険料累計
7,322,400円
◎30年後の解約返戻金
7,308,000円
◎30年間の実質負担保険料
−14,400円

30歳　40歳　50歳　60歳　70歳　80歳

④終身保険　終身払　　30年間の負担　約−57万円

◎月払保険料
14,290円
◎30年間の払込保険料累計
5,144,400円
◎30年後の解約返戻金
4,575,000円
◎30年間の実質負担保険料
569,400円

30歳　40歳　50歳　60歳　70歳　80歳　一生涯

※表示されている保険料･解約返戻金は、保険会社、保険商品、加入年度によって異なります。

込みや、10年、15年、20年払のように5年刻み、あるいは1歳刻みで設定されている商品もあります。

ここでは、30歳男性が１０００万円の終身保険に加入する場合の、保険料の払込期間40歳・50歳・60歳・終身払いの比較をしてみました。

①40歳までの10年間の保険料の払込

毎月の保険料は5万４４０円、保険料の払込総額は６０５万２８００円。

②50歳までの20年間の保険料の払込

毎月の保険料は2万７８５０円、保険料の払込総額は６６８万４０００円。

③60歳までの30年間の保険料の払込

毎月の保険料は2万３４０円、保険料の払込総額は７３２万２４００円。

④終身払い

一生涯の保険料の払込で毎月の保険料は1万４２９０円。亡くなるまで保険料を払い続けていくので、保険料の払込総額はいくらになるのか解りません。

◉終身保険の払込期間による保険料の累計

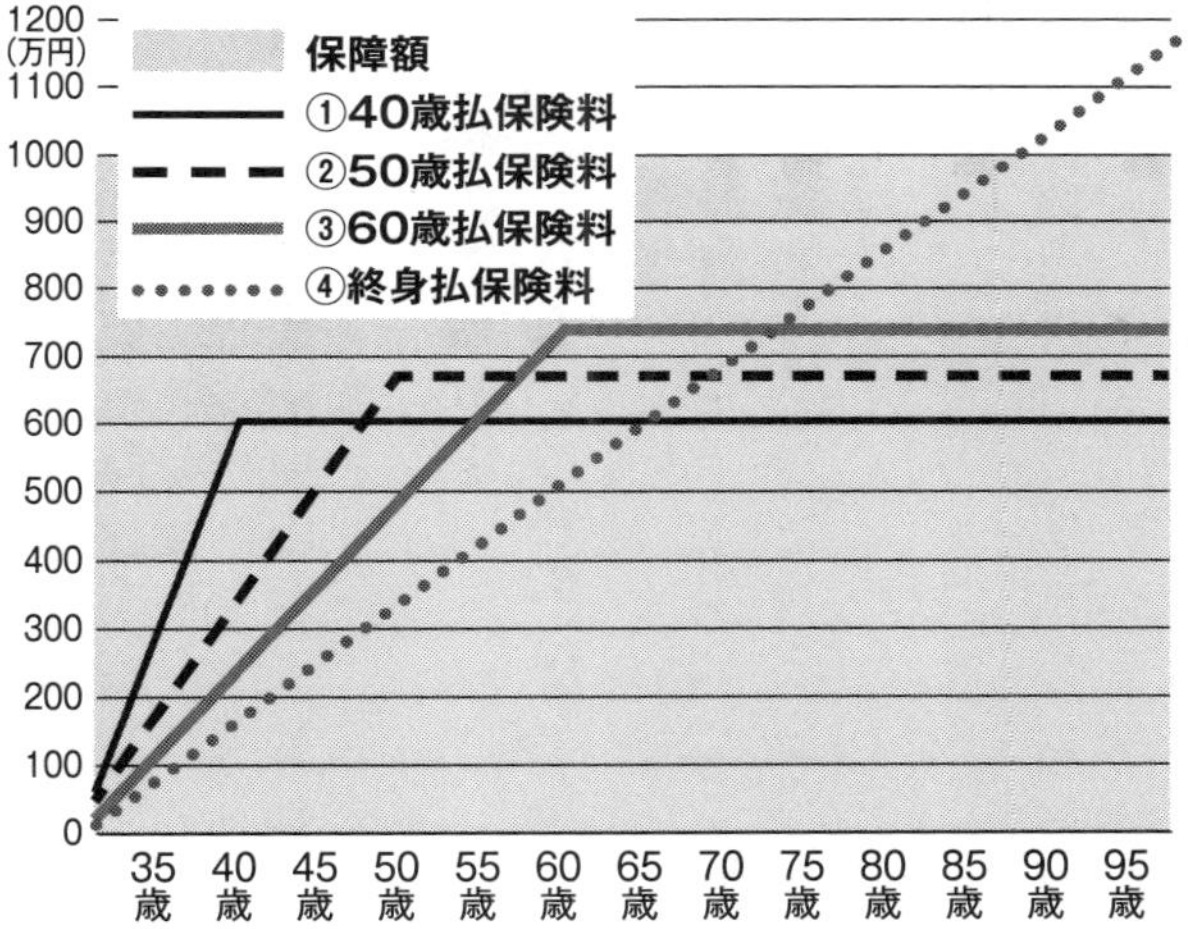

保険料を短期間で払い込んだほうが毎月の保険料は高くなりますが、保険料の払込総額は少なくなることがわかります。

仮に60歳で解約をした場合の解約返戻金は①②③ともに、７３０万８０００円と同額となり、終身払いでは、４５７万５０００円となります。

保険料払込総額から解約返戻金を引くと、①１２５万５２００円、②62万４０００円、③マイナス１万４４００円、④マイナス

56万９４００円となり、①、②では払込んだ保険料よりも多い解約返戻金となるのですから、30年間の保障に加えて利息までついたことになります。

その利率も現在の金利で、①と同様に毎月5万４４０円を10年間積み立てて、20年間定期預金に預けていた場合よりも良いようです。

終身保険の裏ワザ②
加入するなら若いうちのほうが得？

では、終身保険に加入するのはいつがいいのでしょうか。

払込期間はいずれも60歳までとして、加入年齢ごとの保険料を比較したのが左図です。

①30歳加入
毎月の保険料は2万３３４０円で、保険料払込総額は７３２万２４００円。

②40歳加入

終身保険の仕組み　30歳男性　保障額１,000万円

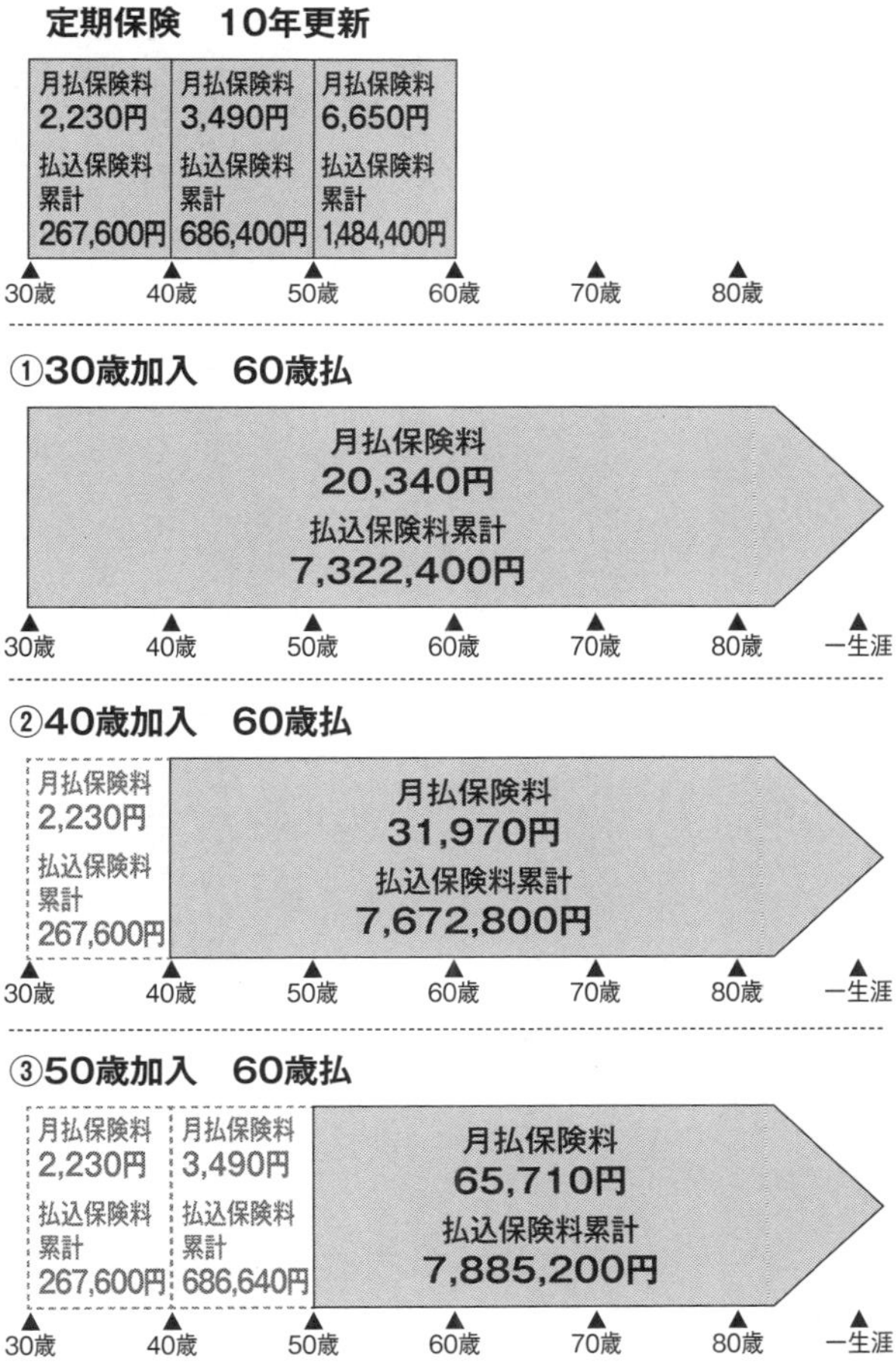

※表示されている保険料･解約返戻金は、保険会社、保険商品、加入年度によって異なります。

毎月の保険料は３万１９７０円で、保険料払込総額は７６７万２８００円。

③50歳加入

毎月の保険料は６万５７１０円で、保険料払込総額は７８８万５２００円。

このように終身保険は早く加入したほうが、早く保障を得ることができますし、毎月の保険料も払込総額も少なくて済むことがわかります。

若いときには定期保険に加入していて、40歳や50歳で終身保険に加入するというケースとの比較では、掛け捨てとなる定期保険の保険料まで含めて考えると、なおさら終身保険は早く入っておきたいと思えてきます。

独身で保障の必要性もないのに、掛け捨ての定期保険を勧められて加入している方も見かけますが、それならば、終身保険に入っておいたほうが合理的でしょう。

養老保険は保障期間の長さが決め手

養老保険は定期保険と同様に保障期間を定めて加入します。こちらも年満了契約と歳満了での契約方法があります。養老保険の場合は年満了で契約しても、更新されないものが一般的です。

養老保険は積立型の保険で、一番の特徴は満期保険金があることです。保障期間中に死亡したら死亡保険金が、無事に満期を迎えても同額の満期保険金が支払われます。そのかわり、保険料は掛け捨ての定期保険や終身保険よりも高くなっています。

養老保険では、保障期間（保険料払込期間）が重要なポイントとなります。30歳男性が1000万円の養老保険に加入した場合の、保障期間の違いによる比較をみていきましょう。

①保障期間10年の養老保険

毎月の保険料は８万５３８０円で、保険料払込総額は１０２４万５６００円。満期保険金よりも24万５６００円多く払い込む形になります。

ちなみに、10年間更新の定期保険に加入した場合は、毎月の保険料が２２３０円で済み、保険料の払込総額は26万７６００円です。ですから、10年間の養老保険にメリットを感じることはできません。

②保障期間30年間の養老保険

保険料は毎月２万６２５０円で、保険料払込総額は９４５万円となります。

③70歳満期の養老保険

保険料は毎月１万９３７０円で、保険料払込総額は９２９万７６００円となります。

④80歳満期の養老保険

保険料は毎月１万５９４０円で、保険料払込総額は９５６万４０００円となります。

定期保険では保障期間が長くなるほど毎月の保険料が高くなり、終身保険では保

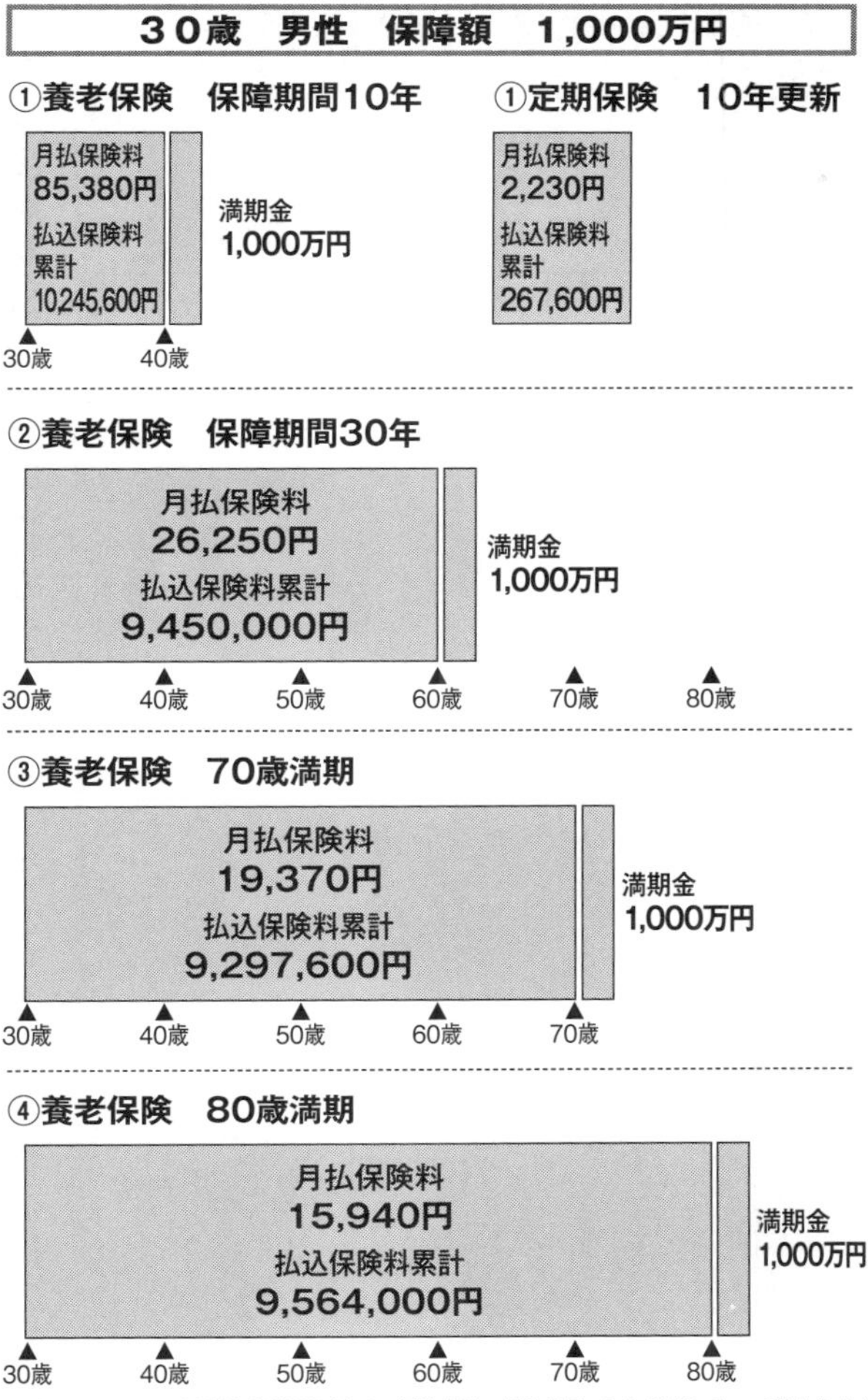

※表示されている保険料･解約返戻金は、保険会社、保険商品、加入年度によって異なります。

険料の払込期間が短いほど保険料の払込総額は少なくなりました。養老保険の場合は保障期間（保険料払込期間）が長いほど毎月の保険料は少なくなり、保険料払込総額については満期の年齢などに応じて異なるようです。

更新タイプの定期保険は損か得か？

生命保険は、どんな加入方法がもっとも効率的なのか？

これは生命保険に加入するうえで重要なテーマのひとつとなりますが、その答えは残念ながら「わかりません」です。自分がいつ死亡するのかによって効率的な保険種類・保障期間は異なるからです。

◉30歳男性の死亡率

60歳まで	7.6%
65歳まで	11.9%
70歳まで	18.2%
75歳まで	27.1%
80歳まで	40.5%
85歳まで	58.7%
90歳まで	78.4%
95歳まで	92.7%
100歳まで	98.8%

◉タイプ別生命保険料の払込累計額の推移

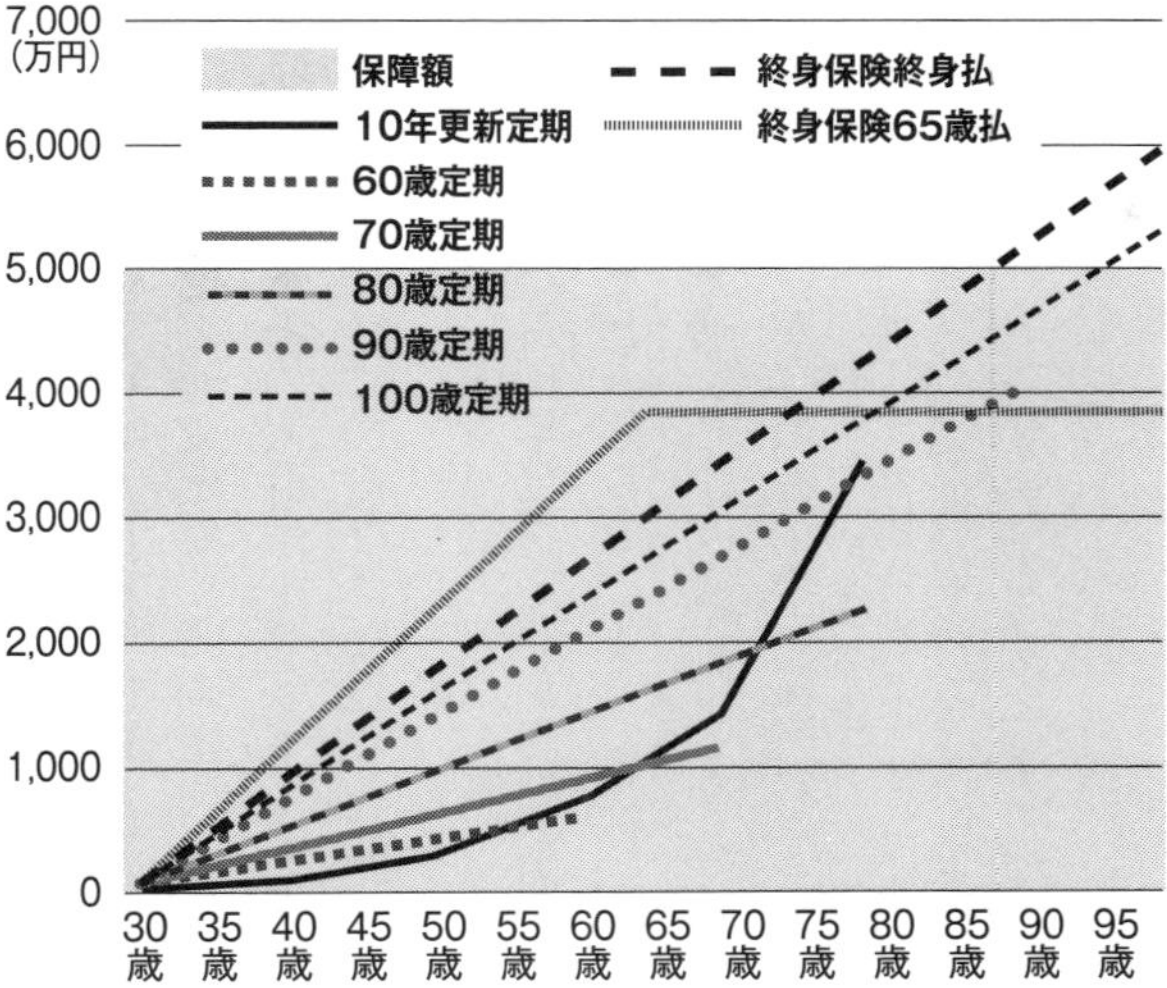

しかし、保険料の払込累計額の推移と死亡率を照らし合わせていくと、いままで見えなかったものが少し見えてきました。

これまで更新タイプの定期保険は、入ってはいけないと論じられていることが多かったようですが、はたしてそうなのでしょうか？

ここでは30歳の男性が５０００万円の保険に加入した場合の、保障期間ごとの保険金を受け取れる確率と、保険金を受け取るためにいくらの保険料を払ったのかという分析をしてみましょう。

平成23年簡易生命表によると、30歳の男性が60～100歳までに死亡する確率は104ページの表のようになっています。一方、各保険商品（10年更新定期・60歳定期・70歳定期・80歳定期・90歳定期・100歳定期・終身保険終身払・終身保険65歳払）の保険料の累計は105ページのグラフのとおりです。

もし、60歳までに亡くなったのであれば、10年更新定期または60歳定期に加入しているのが最も払込保険料が少なく効果的な加入方法であったといえます。60～70歳で死亡したなら10年更新定期か70歳定期が、70～80歳まででは10年更新定期か80歳定期が有効だといえるでしょう。

男性の平均寿命を超す80歳以降となると、86歳までは90歳定期、それ以降は終身保険の65歳払いが、最も少ない保険料で5000万円の保険金を受け取ることができるとわかります。

平均寿命を超える長寿に備えるには定期保険は不向き

更新型の定期保険は更新のたびに保険料が高くなるなどと、よくやり玉に挙げられていますが、たとえ保険料が上がっていったとしても、このよう80歳までに亡くなった場合には有効な加入方法であったといえるのです。80歳まで更新をすれば40・５％の方は掛け捨てとはならずに他の加入方法よりも効率的に保険金を受け取ることができます。10年更新の定期保険で80歳までに払い込む保険料の総額は３４０８万円。若いときには安い保険料で必要な保障が得られ、終身保険などよりも遥かに合理的な保険であったことになるのです。しかし、59・５％の方は、３４０８万円もの金額を掛け捨ててしまうことになります。

90歳までに亡くなる78・４％の方は、65歳払いの終身保険などに加入するよりも、90歳定期のほうが合理的であったといえそうです。しかし、21・６％の方は

４０００万円近い保険料が掛け捨てとなってしまいます。

90歳以上の長寿となった場合でも、１００歳定期に加入していれば98・８％の方は保険金が受け取れます。受け取れる保険金額よりも払い込んだ保険料が上回ってしまうかもしれませんが、払い込んだ保険料のほとんどを保険金で回収できます。

また、残りの１・２％に入ってしまうかもしれないと心配するのであれば、死亡保険金を受け取るのではなく、90歳ぐらいまでに解約をすれば払い込んだ保険料相当額の解約返戻金が戻ってきます。

１００歳近くまで保険料を払い続けていくのは現実的でないと思われるかもしれませんが、ファミリー全体で保障を準備しながらロスなく資産を受け継いでいこうとするには、とても有効なものといえます。

まして、保険種類の変換も想定に入れれば、とても効率的な方法といえそうです。

短命でも超長寿であっても一定の保険効果を得ようとするならば、65歳払いの終身保険で備えるということになります。

このように一定の数理計算に基づいて生命保険は設計されているので、どの保険がダメということは基本的にはないのです。

とはいえ、終身保険やアカウント型保険などを主契約として、定期保険特約となっている場合には、主契約の保険料払込期間までしか更新ができないなどといった制限があります。選択の余地がなく、保障が60歳や65歳までとなってしまう契約方法は、避けておいたほうが賢明といえそうです。

ここでは、保険金で受け取ることを前提として、保障額に対する払込保険料の累計額から比較をしてみました。いわゆる投資効率的な比較です。

保障期間の違いによるコストを比較してみると

次に一定期間の保障を得るためのコストという視点で比較をしてみたいと思います。

生命保険に加入する理由として最も一般的なのは、「子供が成人するまでの教育費や生活費の保障」ではないかと思います。このように一定期間の保障を得ることを目的にしている場合は、どんな加入方法が効率的なのかを考えてみましょう。

ここでも30歳の男性が５０００万円の保険に加入したケースで、30年間の保障コストを検証していきます。

①10年更新の定期保険

30歳の加入時には毎月の保険料は８４００円ですが、40歳の更新時には１万４７００円、50歳では３万５５００円となり、30年間の保険料支払い総額は６４３万２０００円となります。

②30年間の全期型の定期保険

毎月の保険料は１万６２００円となります。①に比べ加入時の保険料は高くなりますが、更新はなく30年間保険料は変わりません。30年間の保険料の払込総額では５８３万２０００円と、①よりも安くなります。

30歳　男性　保障額　5,000万円

①10年更新の定期保険　10年　30年間の保険料 643万円

30歳〜40歳	40歳〜50歳	50歳〜60歳	60歳〜70歳	70歳〜80歳
月払保険料 8,400円	月払保険料 14,700円	月払保険料 30,500円	月払保険料 65,400円	月払保険料 165,000円
払込保険料累計 100,800円	払込保険料累計 2,772,000円	払込保険料累計 6,432,000円	払込保険料累計 14,280,000円	払込保険料累計 34,080,000円

30歳　40歳　50歳　60歳　70歳　80歳

②30年間の全期型の定期保険　60歳　30年間の保険料　583万円

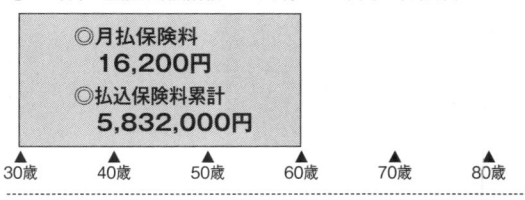

◎月払保険料
16,200円
◎払込保険料累計
5,832,000円

30歳　40歳　50歳　60歳　70歳　80歳

③80歳までの定期保険　30年間の保険料 307万円

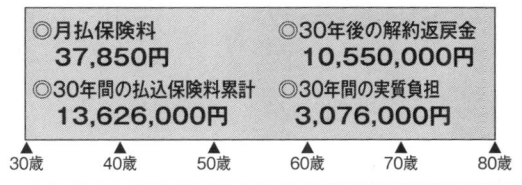

◎月払保険料
37,850円
◎30年間の払込保険料累計
13,626,000円
◎30年後の解約返戻金
10,550,000円
◎30年間の実質負担
3,076,000円

30歳　40歳　50歳　60歳　70歳　80歳

④終身保険60歳払込満了　30年間の負担 −480万円

◎月払保険料
88,150円
◎30年間の払込保険料累計
31,734,000円
◎30年後の解約返戻金
36,540,000円
◎30年間の実質負担
−4,806,000円

30歳　40歳　50歳　60歳　70歳　80歳　一生涯

※表示されている保険料･解約返戻金は、保険会社、保険商品、加入年度によって異なります。

③80歳までの定期保険

30年間の保障を得るためでも80歳までの定期保険に加入しておいて、60歳で保障が必要なくなったら解約をするといった加入方法です。保険料は80歳までの死亡率などをもとに計算されるため、毎月３万７８５０円と高額になります。30年間の保険料の払込総額は１３６２万６０００円です。

しかし、60歳で解約すると１０５５万円の解約返戻金が戻るので、払い込んだ保険料との差額は３０７万６０００円となり、①②の払い込み保険料総額よりも少なくなります。

④終身保険60歳払込満了

③と同様の考え方で終身保険に加入した場合です。一生涯の保障を60歳までの払い込みで終了する短期払いのため、毎月の保険料は8万８１５０円と最も高くなります。30年間の保険料払込総額は３１７３万４０００円となります。

ただし、60歳で解約してしまうので、３６５４万円の解約返戻金が払われます。なんと解約返戻金は払い込んだ保険料を４８０万６０００円も上回ります。30年間は５０００万円の保障が得られ、４８０万６０００円の利子も得られたということになるのです。

最もコストパフォーマンスがいい加入方法とは？

今度は前述した例を使って、無事に60歳を迎えることができた場合の比較をしてみたいと思います。

30年間５０００万円の保障を得るためのコストは、①６４３万２０００円、②５８３万２０００円、③３０７万６０００円となり、④は解約返戻金が保険料を上回っているため実質負担は０円でした。

あらかじめ30年間の保障を得ようというときに①は合理的でないとするなら、残るプランのうちどれが最も経済合理性があるかを考えてみたいと思います。

まずは、②と③の比較をしてみましょう。

毎月の保険料は、②で１万６２００円、③で３万７８５０円です。
②に加入し③との差額の２万１６５０円を毎月貯蓄していくと、30年間では７７９万４０００円が貯まります。一方、③に加入していて60歳で解約をすると、１０５５万円の解約返戻金が貯まっています。毎月２万１６５０円の積み立てで30年後に１０５５万円とするためには、２・４％程度の利回りが必要となります。
次に②と④の比較です。

毎月の保険料の差額は７万１９５０円。これを30年間貯蓄したら、２５９０万２０００円になります。④に加入して60歳で解約した場合の解約返戻金は３６５４万円です。毎月７万１９５０円の積み立てで30年後に３６５４万円とするなら、２・７％程度の利回りが必要になってきます。

現在の金利状況は定期預金でも０・０２５％程度です。ですから、保険料はなるべく安くして貯蓄は別途しっかり計画的に積み立てていくという考え方よりも、貯蓄と保険料を合わせた予算で終身保険や長期間の定期保険に加入していたほうが、将来に向けて蓄えられる金額は多くなる計算になります。

ただし、60歳までに死亡した場合には事情が変わってきます。④では保険金の5000万円が支払われるだけですが、②なら5000万円の保険金に加えて保険料の差額分の貯蓄が別途貯まっています。60歳までに保険金が払われるといった状況では、保険料は安く、貯蓄は別にするといったほうが効果的だったことになります。

とはいえ、人がいつ亡くなるかは誰にも予測できません。万一があってもなくても納得のできる加入方法とするには、貯蓄効率の高い保険を選んでおくことといえそうです。

このように必要な保障の準備とキャッシュフローを考えた保険料の払い込みの計画を立てれば、生命保険は住宅の次に大きな買い物なんてことにはならないで済みそうです。

第4章

知らないと損をする
生命保険の意外な裏ワザ

普通に解約するよりも解約金を増やす裏ワザ

加入したばかりの生命保険を、どうしても解約しなければならないこともあるでしょう。個人の契約の場合は、もっと有利な保険を案内された、リストラにあって支出を抑えたい、妻に保険をかけていたが離婚した、お金が急にいりようになった、など。法人契約の場合には、急激に業績が悪化して資金繰りを改善したい、退職金の積み立てを目的に生命保険の契約をしたが、従業員が退職することになった、など。

こんな理由で加入して間もない保険を解約せざるを得なくなった場合には、解約手続きを進める前に、知恵を絞れば保険会社から案内される解約金よりも多くの金額を手にできるケースがあるのです。

99歳までの定期保険に加入していて、従業員の退職に伴い解約することになったケースをご紹介します。退職する従業員は35歳男性、保障額１０００万円、保障期間99歳、月払保険料1万３７４０円。

契約からちょうど2年経過時点で退職することとなりました。保険会社に解約金がいくらになるか問い合わせてみたところ、18万３０００円とのことで、加入時に受け取った設計書に記載されている通りの金額でした。

しかし、この保険、解約ではなく保障期間を最短にした場合に払い出される金額を問い合わせてみると、最も短い期間まで短縮すれば51歳までとなり、その場合は責任準備金の差額、26万８０００円が払い出される計算になるとのことでした。

このように、普通に解約をするのではなく、いったん保障期間を短縮してから解約をすることで、払い出される金額が多くなるケースがあるのです。

生命保険は契約をしてから短期間で解約をする場合、解約金の計算をするにあたり、本来戻ってくる積立金（責任準備金）から違約金ともいえる解約手数料（解約控除）が差し引かれた金額となります。しかし、解約ではなく保障期間を短縮した場合には、99歳までで契約をした場合に積み立てられている金額と51歳までで契約をしていた場合の積み立てられていたはずの金額との差額が、解約手数料を取られずに払い戻されるのです。

今回のケースでは、26万８０００円が払い出されて、普通に解約をした場合の18万３０００円よりも、圧倒的に多い金額となりました。51歳に変更した保険からの解約金は０円との計算になりましたが、変更後の保険からも解約金が払い出されるケースもあります。

解約せざるを得なくなった状況によっては、解約時の金額が増えるという使い方だけではありません。

もしも、従業員の退職の理由が、がんなどの私傷病で休職可能期間が満了しても出社できないためなどであったならば、保障期間を短縮して払い出される金額を高めた後に残った51歳までの生命保険を、解約せずに退職していく従業員に渡してあげてはいかがでしょうか。

99歳までの定期保険では、毎月の保険料１万３７４０円でしたが、51歳までの定期保険に変更されると、保険料は３０７０円となりました。

◉定期保険の保障期間を短縮すると

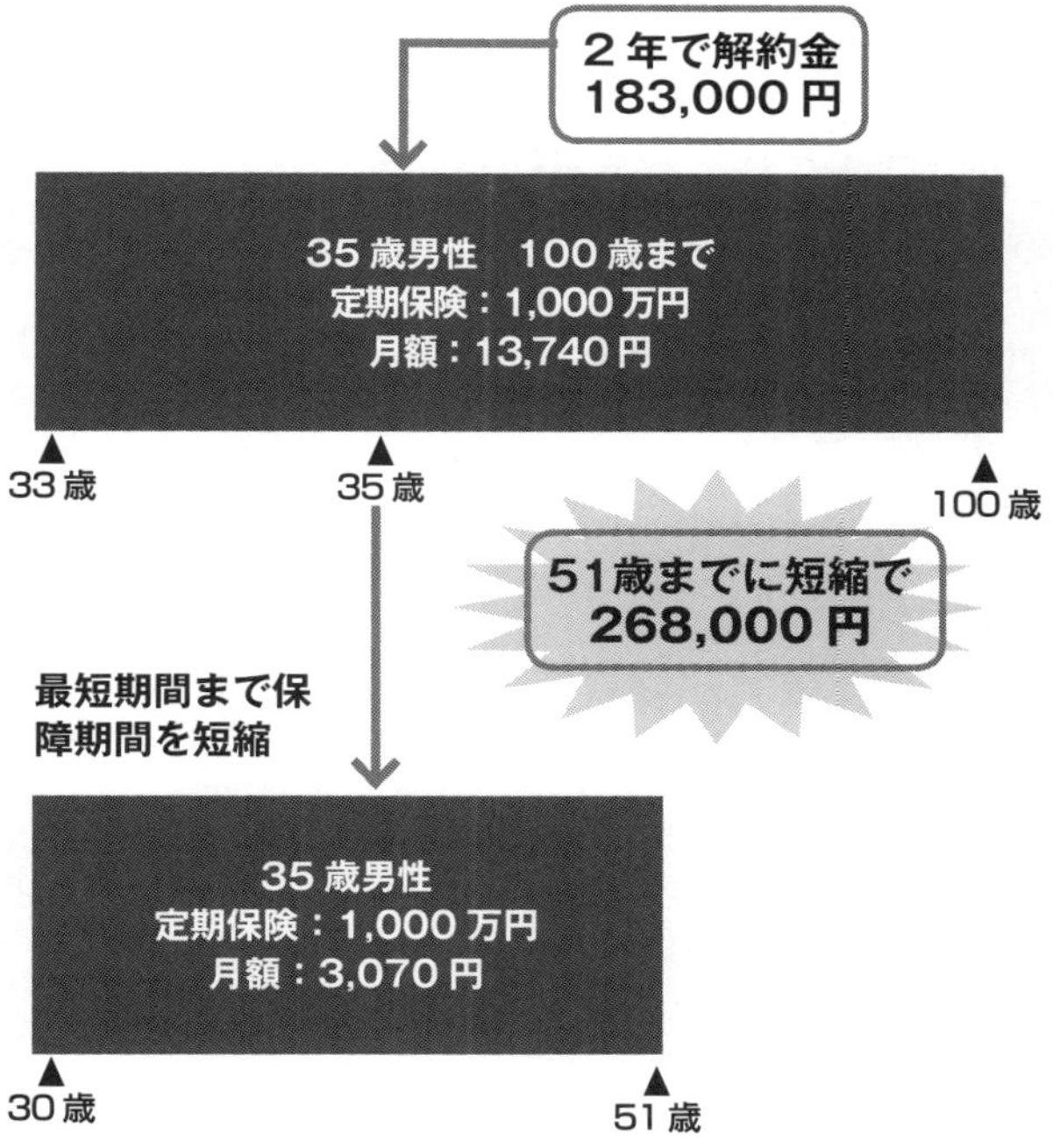

闘病中にもかかわらず、毎月３０７０円の保険料を払っていけば１０００万円もの保障を新たに得ることができるのです。大きな福利厚生制度となるのではないでしょうか。

会社はより多くの金額を払い戻し、従業員は切迫した状況のなかで少ない保険料で１０００万円もの保障を得ることができるのです。なにも知らずにただ解約をした場合とでは、生命保険の効果が大きく変わってくるのです。

個人年金保険よりも終身保険のほうが合理的

少子高齢化で将来の公的年金制度に不安が高まるなか、自助努力で老後に備えようと個人年金保険に加入される方がいます。たしかに個人年金保険は、将来、公的年金に上乗せして年金を受け取るためのひとつの手段です。

ただし、その選択肢は個人年金保険だけではないことをご存じでしょうか。

終身保険でも、解約返戻金を原資にして年金形式で受け取ることが可能な商品があるのです。

個人年金保険の場合は、加入時にあらかじめ年金の受け取り開始年齢や、受け取り年数などを決めてから契約します。後で変更が可能なのは、受け取り開始年齢を5年程度繰り下げられることぐらいでしょう。

ところが、終身保険は保険料の払込が完了すれば、一生涯の保障として継続することも、保障に変えて年金として受け取ることも、その時点で選ぶことができるのです。確定年金、終身年金、夫婦終身年金、介護年金など、年金の種類も商品ごとに多岐にわたって設定されています。

では、個人年金保険と終身保険を年金受け取りにした場合を比較してみましょう。

30歳男性が、65歳から毎年１００万円を10年間にわたって受給できる個人年金保険に加入した場合。毎月の保険料は2万１８５０円で、払込期間は65歳までとなります。

35年間に払い込んだ保険料は９１７万７０００円となり、10年間で受け取れる年金は総額で１０００万円です。

一方、終身保険もこれと同程度の保険料で考えてみましょう。毎月２万１８８１円の保険料を65歳払いにすると、払い込んだ保険料は９１９万20円になります。これを65歳で年金に変えると１０６万円を10年間にわたって受給でき、総額では１０６０万円です。

どちらも条件的には同じように見えますが、終身保険には１２３０万円の保障がついていることがポイント。65歳までに死亡や重度後遺障害といったアクシデントがあった場合には、１０００万円を超える保険金が支払われるのです。しかし、個人年金保険では払い込んだ保険料相当額が戻るだけです。

万一、途中で解約せざるを得なくなった場合には、個人年金保険のほうが戻り率は良い傾向にあります。ただ、大きな保障が必要な時期は保障を上乗せしつつ、将来年金を必要としたタイミングで自由に受け取りを開始できる終身保険を活用したほうが合理的ではないでしょうか。

現在の予定利率では、個人年金保険は保険料控除の活用を目的とした最低金額で

◉個人年金保険の場合

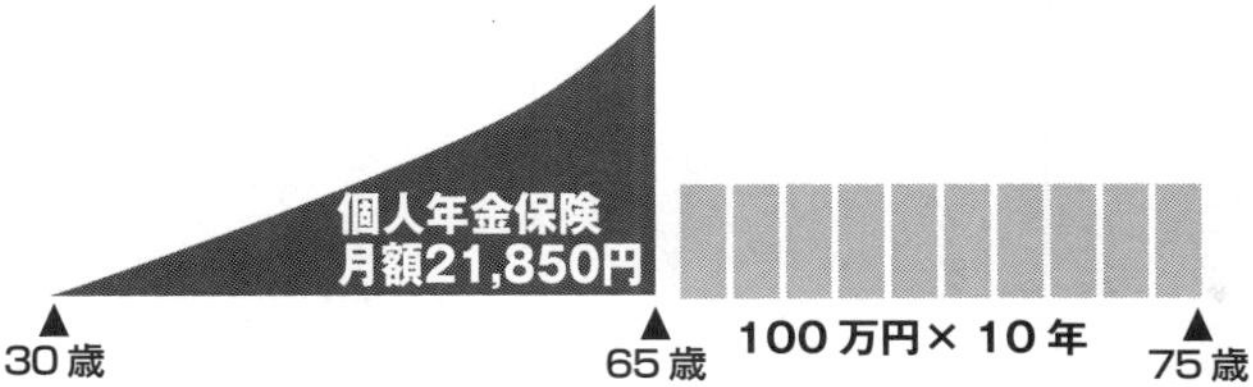

支払い総額 917 万円 7,000 円　受取総額 1,000 万円

受取総額 1,000 万円 - 支払い総額 917 万円 7,000 円＝

82 万 3,000 円

◉終身保険の場合

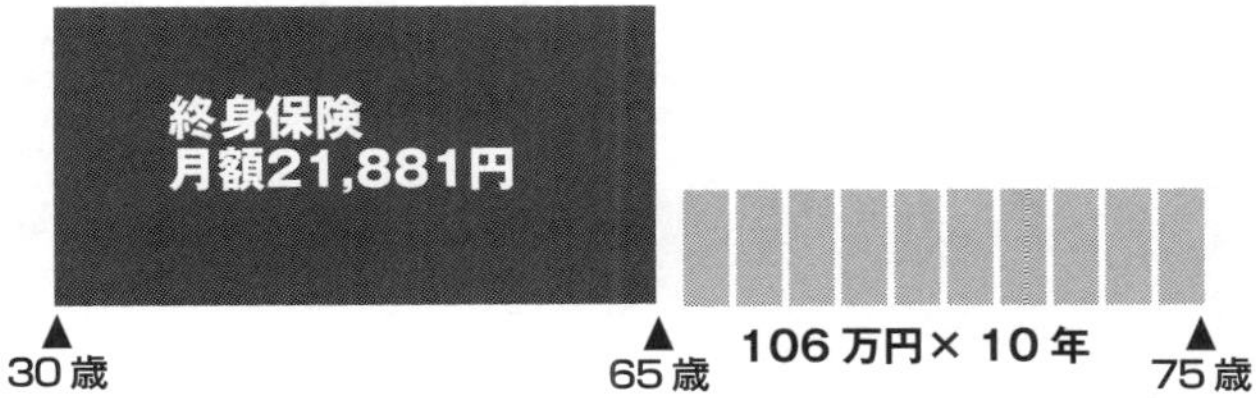

支払い総額 919 万 20 円　総額 1,060 万円

受取総額 1,060 万円 - 支払い総額 919 万 20 円＝

140 万 9,980 円

の契約にとどめ、他の保険種類や金融商品を検討したほうがよさそうです。

生命保険料控除のメリットを活かしきるワザ

生命保険に入っていると、1年間に払い込んだ保険料に応じて、一定の金額が契約者（保険料負担者）のその年の所得から差し引かれる「生命保険料控除」という制度があります。

控除を受けたあとの所得で税金が計算されるので、所得税、住民税の負担が軽減されます。

この制度、平成24年1月1日以後に加入した生命保険から新制度の対象となりました。従来の「一般生命保険料控除」「個人年金保険料控除」に加えて、「介護医療保険料控除」が新設されています。

3つとも控除額の計算方法は同じです。控除される金額は払い込んだ年間保険料によって変わってきますが、それぞれ８万円までが控除の対象になります。最高で所得税は４万円、住民税は２万８０００円が控除されます。もっとも、３種類すべてに加入していたとしても、住民税控除の適用限度額は合計で７万円までになります。

たとえば、課税所得が３５０万円の方が年間８万円の保険料の「個人年金保険」に加入すると、所得税で８０００円、住民税で２８００円、合計１万８００円税金が少なくてすむ計算になります。

つまり、１万８００円の節税効果が得られるわけです。

課税所得が１８００万円超の方であれば、所得税で１万６０００円、住民税で２８００円、合計１万８８００円の節税効果となるのです。

利回りで考えた場合はいかがでしょうか。運用成果を問わずに確実に得られるこのメリットを使わないのはもったいないと思いませんか？

控除額には上限があるため、年間80万円のプランに入れば10倍の節税効果が得られる……とはなりません。しかし、配偶者にも収入があれば、夫婦それぞれで個人年金保険料控除の活用を考えてみてはいかがでしょうか？

現在の低金利では、個人年金保険の商品自体の魅力は期待できるものではありませんので、高額のプランに加入する必要はありません。あくまでも年金保険料控除が目的ですから、ご自分の年齢で年間保険料が8万円になる最低限のプランを選択するのがよいでしょう。

個人年金保険の意外な活用法とは？

個人年金保険というと、リタイア後に年金を受け取るという目的で加入する方が多いと思います。でも、年金保険料控除のメリットを考慮に入れれば、子供の学資保険がわりの積み立てとしても有効ではないでしょうか。

年金保険料控除を受けるためには、「払い込み期間10年以上」「年金開始年齢60歳以上」「年金支払い期間10年以上」「本人または配偶者が年金受取人」など、一定の条件を満たさなければなりませんが、子供の入学時に解約をしても問題はないのです。

その時点での解約金の戻りが払い込んだ保険料を下回っていたとしても、収入が高く所得税率が高い人ほど、それまでの税の軽減額と合わせて考えれば、学資保険の利回りを十分に超えているケースも多いと思います。

年金保険料控除という制度が何年続くかはわかりませんが、年間８万円程度の貯蓄手段としては、積極的に活用していきたい制度といえます。

また、何も保険に加入していないという方であれば、払った保険料が全額戻ってくるタイプの医療保険などで、介護医療保険料控除の活用も検討されてみてはいかがでしょうか？

特別条件付きの保険は一般の契約とどう違う？

生命保険に申し込む際、特別な条件付きの契約になることがあります。

持病がある、告知期間内（2～5年以内）に投薬を受けた、手術をしたといった場合、あるいは定期健康診断で指摘事項があったり、血圧や血液検査の数値が高かったことなどが理由で条件が付けられます。その特別な条件には次の3つのパターンがあります。

①保険料の割増

通常の申し込みよりも保険料が高くなります。健康状態の良好な方に比べて保険金支払いのリスクが高いと判断された場合に、他の加入者との公平性を保つようにするものといわれています。

保険料は健康状態によって何段階かに分けられていて、高いクラスに判定されてしまうと通常の保険料の３倍などとなってしまうこともあります。この特別に割増された保険料の払い込みは、保険料払込の全期間におよびます。

②保険金の削減期間の設定

病気の完治後、何年も経たずに保険を申し込んだ場合などに適用されます。何年間かは再発リスクが高いと判断されると、一定期間内は申し込んだ保障額よりも少ない保険金しか支払われません。これもまた、他の加入者との公平性を維持するためのルールです。

たとえば、１０００万円の死亡保険に申し込んだとしても、削減期間が３年ならば、加入後１年間は２５０万円、２年目までは５００万円、３年目までは７５０万円、４年目以降は満額の１０００万円を支払うなどとするもので、削減期間や削減割合はさまざまです。

しかし、他の特別条件とは異なり、削減期間さえ経過すれば、条件が付かずに加入できた契約と同じ扱いになります。

③部位不担保

医療保険を申し込んだときなどに適用されることの多い条件です。契約日から一定期間または保障期間のすべてにわたって、体の特定の臓器や部位、特定の疾病を原因とする入院や手術などに関しては、保障の対象外とするものです。

保険会社より、これらの条件の提示があった場合、承諾しなければ保険に加入することはできません。

条件付きになったときに考えておきたいこと

しかし、こうした条件はあくまでも保険会社が独自に判断したもので、どの保険会社でも同じ条件になるとは限りません。

以前、こんなケースもありました。少し健康状態に不安がある方だったので、５つの保険会社で同時に申し込みをしてみたところ、２つの保険会社からは加入お断りとの診査結果でしたが、１つの保険会社からは割増保険料で加入できる、残る２つの保険会社からは、なんと条件が付かずに加入できるという回答だったのです。

このように、特別条件を提示されたとしても鵜呑みにしてはいけません。同様の保険商品を販売している複数の保険会社にもエントリーし、もっとも条件の良かったところで加入するといったことが必要です。

それでも、どの保険会社でも同様な特別条件が提示されたならば、申し込みの契約内容を再考しましょう。

というのも、特別条件付きとなってしまうと、年満了での契約の定期保険や医療保険であっても更新ができないのが一般的だからです。さらに、削減期間を経過したものを除いては、保障期間の延長や他の保険への変換なども不可となります。

一過性の病気で完治後間もないという理由で特別条件が付いたのであれば、時間が経てば条件なしで入り直すことも可能かもしれません。ですが、慢性疾患などの理由で特別条件が付いたのであれば、今回が保険に加入できるラストチャンスとなるのかもしれないのです。保障期間や保障額を変更しても、同じ条件で加入が認められることも多いようですから、より真剣に保障額・保障期間を検討し直しましょう。

また、他にも加入している保険があるならば、それらの契約を変換することや、保障期間の変更などもあわせて考えてみましょう。

保険料払込免除特約が適用される所定の状態とは？

特定の病気にかかった場合や所定の要介護状態、所定の身体障害状態になってしまった場合に、以後の保険料の払込が免除されるのが「保険料払込免除特約」です。

保険料の払込が不要となる条件は、保険会社によって異なりますが、以下のような状態になってしまった場合です。

○特定疾病

・生まれて初めて悪性新生物（がん）にかかったと医師によって診断確定されたとき（上皮内がん・悪性黒色腫以外の皮膚がんおよび、保険加入から90日以内に診断確定された乳がんを除く）。

・急性心筋梗塞になり、初診日から60日以上労働の制限を必要とする状態が継続したと医師によって診断されたとき（狭心症は除く）。

・脳卒中になり、初診日から60日以上所定の後遺障害が継続したと医師によって診断されたとき。

○不慮の事故による身体障害の状態

・1眼の視力をまったく永久に失った

・両耳の聴力をまったく永久に失った

・脊椎に著しい奇形または著しい運動障害が永久に残った
・１上肢を手関節以上で失った
・１下肢を足関節以上で失った
・１上肢の用または１上肢の３大関節中の２関節の用をまったく永久に失った
・１下肢の用または１下肢の３大関節中の２関節の用をまったく永久に失った
・１手の第１指（母指）および第２指（示指）を含んで４手指を失った
・10手指の用をまったく永久に失った
・10足指を失った
※事故の当日からその日を含めて１８０日以内にこの状態に該当したとき

特定疾病も払込免除の対象にする保険会社と、身体障害の状態となってしまった場合のみとする保険会社に大別されます。

また、すべての保険にこの特約を付けられるわけではなく、商品や、加入年齢、保険料の払込期間などによって、保険会社が独自に付帯の可否を決めています。

保険料払込免除特約の効果が発揮されるケースは限定的

さて、「保険料払込免除特約」の効果は何かというと、所定の状態となってしまったときに、保険料の払い込みが免除になるというだけです。つまり、効果は最大でも保険料払込総額で、保険料払込期間の満了に近づくにつれて保障が小さくなっていきます。つまり、保険料に保険をかけているようなものだといえます。

抱えきれない大きなリスクには保険で備えなければなりませんが、保険料に保険をかけるというのは、どうなのでしょうか？

所定の状態となったことを想定して、この特約の必要性を考えてみたいと思います。

①所定の状態と認定された後、３か月後には元気に仕事に復帰した

こんなケースであれば、特約を付けていなくてもさほど困ることはないと思います。しかし、所定の状態の条件は非常に厳しいもので、３か月後に仕事に復帰できるケースは稀かもしれません。

②短い闘病期間の末に死亡

これは保険料の払込が免除となった期間も、ごくわずかだったということになりますから、その効果もあまり発揮されていません。保険料払込免除特約を付けているよりも、その分の保険料で死亡保障の保障額を上積みしておいたほうが、保険の効果が高かったといえそうです。

③命に別状はないが身体障害や病気の後遺症により、これまでの仕事が継続できずに収入が減少

このケースでは、特約を付けておいて良かったと感じることができると思います。しかし、そんなリスクヘッジを考えるのであれば、保険料が免除になるだけでは事が足りません。住宅ローンの返済や最低限必要な生活費を含めた収入が保障されるように備えるべきでしょう。傷病手当金や勤務先・業界団体の福利厚生制度などを確認して、所得補償保険を検討されたほうがいいのではないでしょうか。

④一定期間の闘病の末に死亡

こういうときにも、この特約を付けておいて良かったと感じると思います。

しかし、終身保険に加入しているのであれば、保険料払込免除特約が付いていなくとも、払込期間の変更や延長定期保険に変更するといった方法も考えられます。収入保障保険や定期保険に加入しているのなら、保障期間の変更や他の保険種類への変換などを活用したほうが、保険の効果が高まるケースも多そうです。

保険料の払込が免除になると、保障期間の変更・払込期間の変更・他の保険種類への変換などの手続きは一切できなくなってしまい、保険料を払わずにその保険を継続することしかできません。

ですから、保険料免除特約を付けている契約であっても、そのときの状況に応じて何がベストな対応なのかを検討する必要があります。保険料払込免除の申請をしてからでは、他の手段を取れなくなってしまうので注意が必要です。

使い方によっては役に立つ保険料払込免除特約もある

このように、保険料払込免除特約を付けていても効果的だと思えるケースは限られています。

ただし、保険料払込免除特約の中でも、他の保険会社と一線を画す保険会社があります。

一般的な保険会社では、保険料の払い込みが免除となったあとは、保険料を払わずとも毎月・毎年保険料が継続的に払われているものと見なされて保険が継続していきます。しかし、ＮＫＳＪひまわり生命では、保険料の払い込みが免除となった場合、残りの保険料が全額一括払いされた扱いとなります。

これらは何がどう違うのかというと、加入からわずか数年で保険料の払い込みが免除となったようなケースでは、一般的な保険会社であれば、その時点までの保険料の払込期間に応じた解約返戻金の８割程度の範囲内で、契約者貸付が可能となるのですが、ＮＫＳＪひまわり生命では、全期間分の保険料を払い込んだ計算での借り入れが可能となります。

保険料は数十万円を支払っただけでも、数百万円もの借り入れができる計算になるのです。治療費や生活費に困るような場合には、有効な保険効果を発揮してくれます。

所定の状態となって保険を解約しようとする方はいないと思いますが、解約した場合にも同様に大きな解約金が受け取れます。これは、三大疾病の終身保険に加入しているのと同等以上の効果が得られるのです。

このようにＮＫＳＪひまわり生命の保険料払込免除特約を、貯蓄性の高い終身保険に付けるのであれば、状況によっては有効にその効果を発揮してくれると思われます。

保険料払込免除特約を付けている方は、その必要性を再検討してみてはいかがでしょうか。

保険金は分割して受け取ることもできる

死亡保険金の受け取り方は、一括で受け取るだけではなく分割で受け取ることができます。死亡保険金などは、一括で受け取ることが当たり前だと思われているかもしれませんが、受取方法はそれだけではありません。条件は保険会社によっても異なりますが、10年、20年などといったように数年間に分割して受け取ることができます（保険の種類によっては選べない場合もあります）。

一生のうちで、まとまった現金を目の前にすることがあるのは、退職金を受け取るときぐらいのもので、大金を目の前にして、上手に管理して使っていく能力は身についていません。突然大金を手にしてしまうと金銭感覚がおかしくなってしまい、計画的に使っていくのは至難の業のようです。

計画的に取り崩しながら使っていける自信があるという人や、運用して増やす自信があるという人以外は、保険金は分割受取にして、毎月定額を受け取っていったほうが無難かもしれません。夫が生きていたときと同様に、お給料のように毎月定額が振り込まれたほうが管理するのが楽という人が多いのではないでしょうか。

　また、分割で受け取る保険金の合計は、基礎率（予定利率など）により計算された金利分が上乗せされていて、一括で受け取る額よりも多くなります。現在では１％程度の計算になっていますが、一括で受け取った保険金を普通預金や定期預金に預けて取り崩していくよりも、利回りは高いといえます。

　一部を一括で受け取り、残りを分割で受け取ることも可能で、分割年数を分けて受け取ることも可能な保険会社もあります。

　たとえば、保険金が５０００万円であった場合、１０００万円を一括で受け取り、１０００万円を子供の教育費として10年分割で受け取り、残る３０００万円を生活費として30年分割などの受取方法にすれば、葬祭費や当面の生活を立て直す資金を一時金で受け取り、子供が成人するまでの間の毎月の受け取り額を多くするなど、万一の生活のキャッシュフローに応じた受取方法となります。

年金形式で保険金を受け取るときの注意点

本来一時金で支払われる定期保険や終身保険を分割で受け取る場合には、その金額は収入とは見なされません。ところが、収入保障保険などの保険金を年金形式で受け取ると、計算式に応じて一部が収入と見なされて、所得税の対象となってしまいます。自分が働いて得た収入と合算して確定申告で税金を納めなければならなくなります。

税負担や不慣れな確定申告を行う手間の他にも、国民健康保険の保険料や、40歳を超えれば、公的介護保険の保険料の計算にも影響を及ぼす場合があります。

また、妻の所得とみなされることで、児童手当の受給できる所得制限を越えてしまったり、公営住宅の賃料、保育所の補助金、将来には子供の扶養に入ることにも影響を及ぼす場合もあります。

定期保険や終身保険など一時金で受け取ることを前提とした保険金を分割で受け取る場合と、収入保障保険など分割で受け取ることを前提とした保険の場合ではこのように取り扱いが異なります。状況によっては、収入保障保険であっても一括受け取りをしたあとに、年金保険などに加入し直し、分割で受け取るといった方法を考えたほうが良いかもしれません。専門家に相談して、その後の生活にどのような影響があるのかを見極めたうえで、状況に応じた受け取り方法を選択することが重要です。

第5章

番外編：誰も教えてくれない

損害保険のマル得利用法

火災保険に加入するなら長期契約がいい理由

住宅購入時には銀行や不動産会社からの案内で、火災保険を長期間で契約をしている方も多いと思います。しかし、当初の火災保険が更新となると「いつまで住んでいるかわからない」「建て替えるかもしれない」などの理由で、1年間や5年間の短期間で契約をされることが多いようです。しかし、火災保険は長期間で契約したほうがお得なのです。

火災保険の保険料は契約期間が長くなるほど割安になります。1年当たりの保険料を比べてみるとよくわかるでしょう。1年契約では5万円の保険料だとすると、5年契約で4万３０００円、10年契約で4万１０００円、20年契約で3万８５００円、30年契約で3万６３３３円、36年契約で3万５１３９円となります。

もし、引っ越しや建て替えを考えていたとしても、長期契約がお勧めです。

◉火災保険の長期契約で得をする

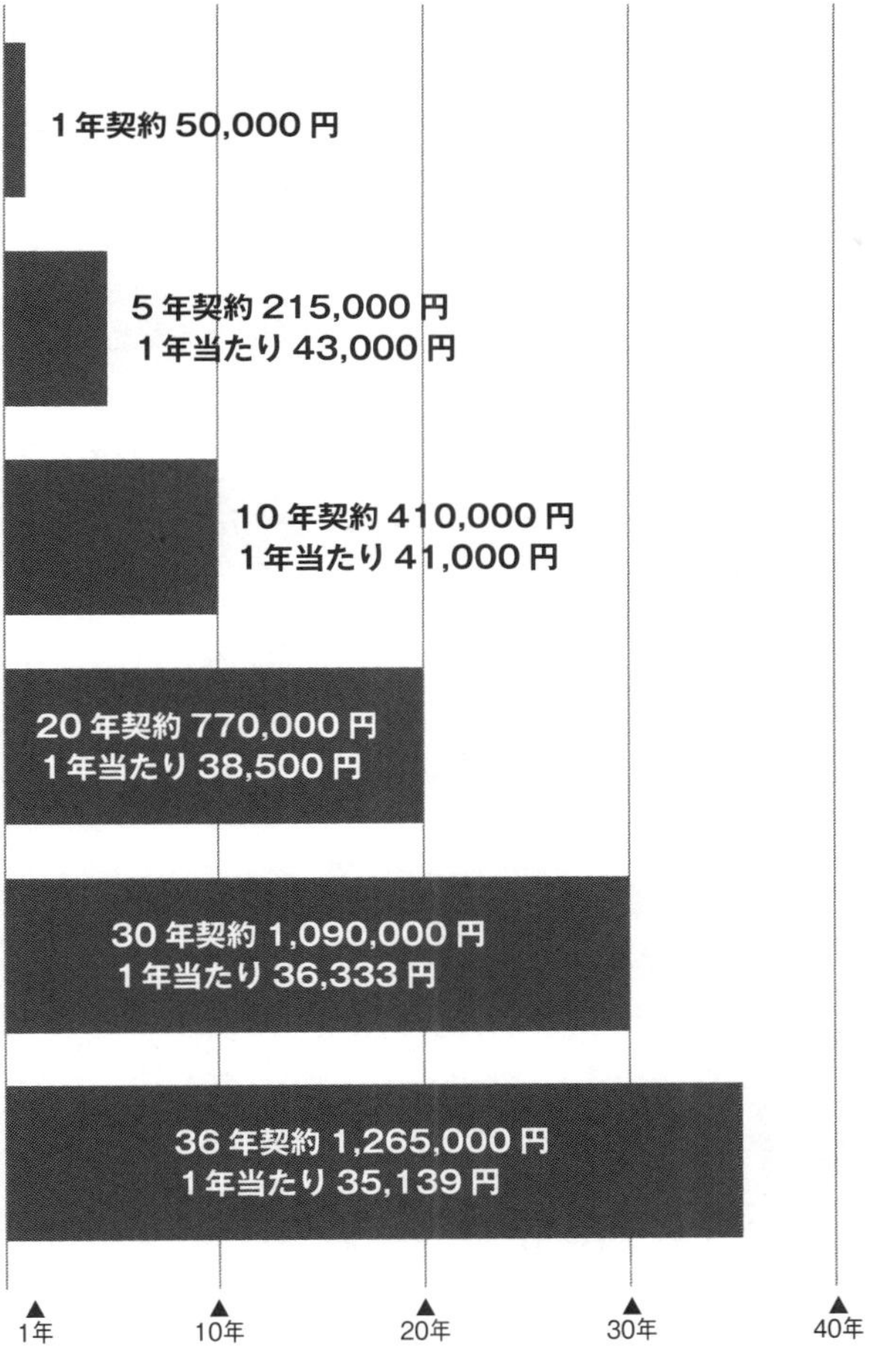
1年契約 50,000円
5年契約 215,000円
1年当たり 43,000円
10年契約 410,000円
1年当たり 41,000円
20年契約 770,000円
1年当たり 38,500円
30年契約 1,090,000円
1年当たり 36,333円
36年契約 1,265,000円
1年当たり 35,139円
1年
10年
20年
30年
40年

生命保険は途中でやめると損になることもあるのですが、火災保険は途中でやめてもほとんどデメリットがないどころか、お得な計算となるのです。

たとえば、36年契約をしていて５年で引っ越すことになった場合は、払い込んだ保険料の89％が戻ってきます。36年分の保険料１２６万５０００円を払っていても、その89％の１１２万５８５０円の解約金が払い戻されますから、13万９１５０円で５年間の補償が得られたことになります。１年で更新をしていたら５年間では25万円、５年契約でも21万５０００円が必要ですから、メリットは明らかです。

10年で解約をした場合でも78％が戻ってきます。

36年契約をして１年・５年・10年・20年・30年で解約した場合の１年当たりの保険料は、１年で３万７９５０円、５年で２万７８３０円、10年で２万７８３０円、20年で３万３３６０円、30年で３万３３１２円となります。

どうやら、火災保険は36年で契約をしておいて、５年～10年で解約を繰り返していくのが良いようです。

また、長期契約をしておけば、将来保険料が値上がりした場合は、その負担を回

◉もし５年ごとに解約、再契約をしたとしたら？

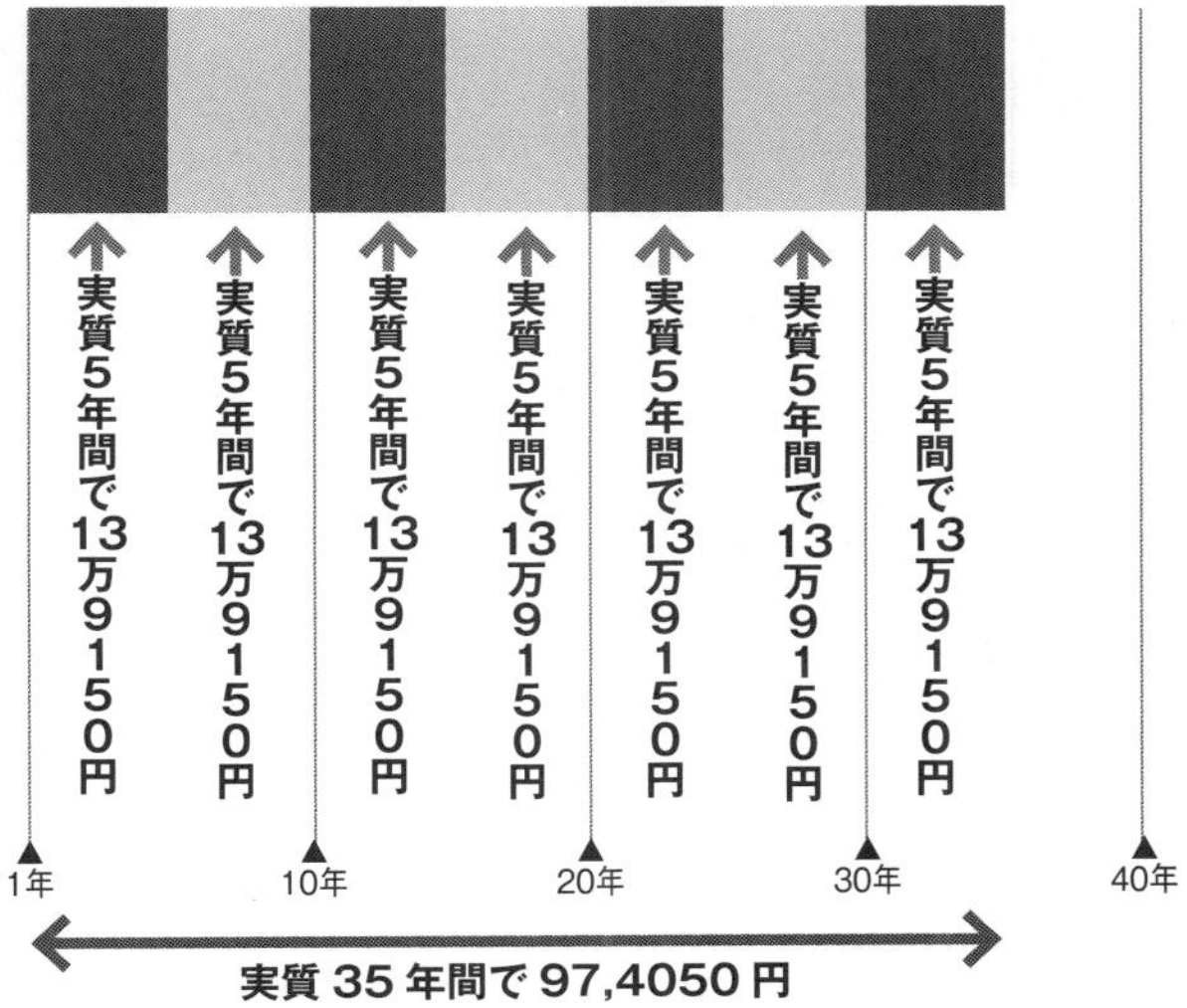

避するということができます。逆に保険料が値下がりしたのであれば、解約の予定を早めて対応すれば良いことになります。

もちろん、１年更新ならば５万円の支出で済むところを、36年契約をするとなると１２６万５０００円もの保険料を払い込まなければなりませんが、使う予定のないお金を超低金利の預金にしておくよりはメリットがあるのではないでしょうか。

家財の損害を甘く見てはいけない！

住宅金融公庫で借り入れをした場合には、建物専用の火災保険に加入することになっていました。銀行などで住宅ローンの融資を受けた場合でも、銀行やハウスメーカーから加入を促されるので、ローンの返済期間中はほとんどのご家庭で建物の火災保険に加入されていると思います。

では、家財道具を対象とした火災保険となるとどうでしょうか。

そもそも、「火災保険が建物と家財に分かれていることを知らなかった」「うちにはたいしたものはないから」「どうせ家財は消耗品で順次買い替えるものだから」などの理由で、家財道具には火災保険をかけられていない方も多いようです。

しかし、建物よりも家財道具のほうが、被害を受ける可能性が高いかもしれません。

自宅から出火したのであれば、小火《ぼや》程度であっても家の中は水浸しとなってしまうでしょう。マンションで近隣の部屋から出火した場合には、類焼は免れたとしても消火活動の影響を受けないとも限りません。

そんな場合の部屋の中を想像してみてください。

建物は窓ガラスの補修やクロスの張り替え、フローリングの清掃程度ですむかもしれません。でも、室内が水浸しとなれば、テレビやオーディオ、パソコンなどの家電、寝具、衣類や靴といった身の回りの品、あるいは書籍も大きなダメージを被ります。これらをすべて買い替えるとなったら、大きな出費を覚悟しなければならないでしょう。

また、火災やガス爆発以外にも、家財道具には盗難の心配もあります。

最近盗難被害に遭われた方の話では、貴金属やブランド品のハンドバッグだけではなく、決して高級品ではない大手紳士服量販店で購入したスーツやアナログＴＶまでも全部持っていかれたとのことでした。

このように家財道具にはリスクがたくさんあるのです。火災保険に加入する際、建物と家財のどちらか一方を選べといわれたなら、私ならば迷いなく家財道具を選ぶでしょう。

家財道具に対する保険に加入していれば、現金や通帳を盗まれても一定金額まで補償を受けられます。

類焼でも損害賠償は請求できないってホント!?

民法第７０９条には「故意又は過失によって他人の権利又は法律上保護される利益を侵害した者は、これによって生じた損害を賠償する責任を負う」とあります。故意や過失によって他人の権利や財産に損害を与えてしまった場合には損害賠償責任が発生し、被害者に対して当然その損害を賠償しなければなりません。

ところが、日本にはもうひとつ独特のルールがあるのです。「失火の責任に関する法律」（「民法第７０９条ノ規定ハ失火ノ場合ニハ之ヲ適用セズ」・抜粋）では、火事によって他人に損害を与えた場合は、重大な過失がないかぎり、賠償責任を負わないものとされています。

つまり、ちょっとした不注意によって火災を起こし、ご近所が類焼してしまったとしても、法的にはその損害を賠償しなくてよいのです。

これは、

○自分の家や財産を焼失した上に、類焼した先の責任まで一個人に負わせるのは酷であること。

○木造家屋が多く、住宅も密集している地域が多い我が国では、いったん火が出ると燃え広がりやすく、一個人の賠償能力をはるかに超えてしまうこと。

○我が国には、火元となった家に損害賠償責任を負わせないというような風習があったこと。

などの理由から、「失火の責任に関する法律」が明治32年に制定されたようです。

このように、もらい火で自分の家が延焼したとしても、法的には賠償してもらうことができません。たとえ出火元に賠償責任があった場合でも、近隣の被害まで賠償できる財力がある方は少ないでしょう。ですから、自分のものは自分で守るしかないのです。

たとえば、２０００万円で建てた建物に２０００万円の火災保険と家財に１０００万円の火災保険をかけていたとしましょう。そうすると、損害額に応じた保険金に加えて臨時費用や後片付けの費用まで支払われますので、全焼ともなれば３５００万円程度の保険金が支払われることもあるのです。しっかりと火災保険に加入していれば、保険金だけで再建することが可能となります。

類焼損害賠償をプラスしておけば万一にも対応が可能

しかし、しっかりと火災保険に加入されているご家庭ばかりではありません。
万一自分が火元になってしまったらどうなるでしょうか。
法的に賠償責任はなくても、原因を作ったのは自分です。道義的責任やご近所付き合いを考えれば、自分の家は新築して、隣の家が困窮しているのを知らぬ存ぜぬではいられないのではないでしょうか。火元となってしまった方からは、同じところに住み続けることに耐えられず夜逃げをしてしまった、あるいは自分が受け取った保険金を賠償にあてざるを得なかったという声も聞こえてきました。

こういう問題に備えるのが「類焼損害補償」です。これは火災保険に加入していなかったご近所の方にも手を差し伸べ、自分の火災保険は自分のために使えるようにするための補償といえます。

賠償責任を負っていない状況で保険金が支払われる、損害保険のなかでも稀な賠償保険です。用心の上に用心を重ねた補償ではありますが、特に集合住宅にお住まいの方であれば火災保険にプラスしても良い補償といえます。

ただし、類焼損害補償の対象となるのは近隣の住居用の建物や家財道具のみで、事業用の建物や什器備品などは補償対象外となります。また、火災保険で明記物件となる、生活必需品ではない一組30万円超の貴金属や書画・骨とう品の類、現金・有価証券なども対象外になります。

類焼損害補償で補償される金額の上限は１億円。年間保険料はマンションでも木造住宅でも１７００円程度です。

自動車保険の使用目的は損をしない選び方を

個人で加入する自動車保険には、車の使用目的を問うものが増えています。「日常・レジャー」「通勤・通学」「業務使用」によって保険料が異なります。

たとえば、日常レジャー使用で年間の保険料が15万５４７０円であった場合、通勤通学では16万５９２０円、業務使用となると17万９３４０円となりました。日常レジャーよりも通勤使用、通勤使用よりも業務使用のほうが保険料が割高となるのです。

この使用目的は、ひと月に15日以上を通勤や業務で使用するかで判断されます。

当初は奥様がご主人を最寄駅まで送るのも通勤利用の範疇とされていましたが、現在では日常レジャー使用でOKになったようです。

マイカー通勤をされる方でも、土日祝日、夏休み、年末年始のほか、強制的に有休消化を義務づける会社も増えてきており、出社日数は確実に減っているのではないでしょうか。

また、新幹線や飛行機での出張もひと月に何日間かあって、お酒の席の予定がある日には電車で行くのであればどうでしょう。こう考えると月に15日以上とは何とも微妙な線引きだと思います。

私も通勤でマイカーを使用しますし、お客様を訪問するときもマイカーです。年間の走行距離は3万キロにも及ぶこともあります。しかし、私は日常レジャー使用で契約をしています。

あまり休みは取れていないのですが、週に2日程度は執筆やプランニングの仕事を自宅で行いますし、お酒の席の予定があれば当然電車で動きます。車での移動が多くなった月には、何日かは妻の車と交換をして使用しています。これで、月に15日以上の通勤・業務使用にはならないのです。

奥様もマイカー通勤をされているのであれば、交換しても意味はありません。ですが、専業主婦や電車で通勤されている奥様も車を所有しているのであれば、15日ルールは簡単にクリアできるのではないのでしょうか。勤務先への申請を2台登録しておけばよいでしょう。

日常レジャー使用で契約をしている方が通勤途上に事故を起こしてしまったとしても、保険会社がどのようにして契約違反であるか否かを立証できるのでしょうか。契約者側も月に15日以上は通勤・業務に使用していないことを立証するのは困難です。スイカやパスモなどの電子マネーの使用履歴で立証できるのかもしれませんが、どうなのでしょう。

ですから、保険会社はこれまで契約者の使用目的の立証を求めていませんし、調査も行っていないようです。あくまでも自己申告をもとに、保険料が振り分けられているのです。

間違っても使用目的の虚偽の申告をお勧めしているわけではありませんが、正直者が損をするというようなことにもなりかねない仕組みに疑問を感じてしまいます。

使用目的などという、あいまいな振り分けをしなくとも、自動車保険には無事故による等級の割引制度があり、ルールの変更で保険を使ったことによるペナルティーも強化されているのですから、すでにリスクに見合った保険料となる仕組みはできているのではないでしょうか。

日常の目に見えないリスクに備えることの重要性

豊かな人生を送るためには、資産運用や節税、リスクマネジメントといった自分の専門外のことにも意識を向けて、知恵を絞る努力が必要です。

ただ、「資産運用」ができなければ豊かな老後は送れないかもしれませんが、明日の生活が破たんすることはないでしょう。「節税」ができていないと、毎月の給与明細を見たときや確定申告のときに納得のいかない気持ちになるかもしれませんが、破産に追い込まれることもないでしょう。

しかし、リスクマネジメントを理解していなければ、明日の生活がどうなってしまうのかわからないのです。

資産運用や節税対策はその効果が短期間ではっきり実感できるので、積極的に行動しようという気持ちが起こりやすいものです。ただ、緊急性があり最も重要なテーマであるはずのリスクマネジメントに関しては、よほどヒヤッとした体験がなければ、何も考えようとしない方が多いようです。

事件や事故、災害に遭うまでは目を背けておいたほうがお金もかからないし、「そのときは諦める」との根拠のない一言で自分を納得させているのでしょうか。

巨大地震の発生確率が見直され、気候変動により台風の勢力が拡大し、これまであまり起こらなかった竜巻まで発生、局地的な集中豪雨は観測記録を塗り替えるなど、自然災害のリスクがこれまで以上に増加しているようです。また、個人の権利の主張、権利の保護が重んじられる時代となり、賠償リスクも高まってきました。

水と安全はタダという時代はとっくに終わりを告げているようです。この辺で、しっかりリスクマネジメントに目を向けておかなければ、本当に取り返しのつかない状況に追い込まれてしまうかもしれません。なにしろ、事が起こってからでは遅いのですから。

日常生活のトラブルには個人賠償責任保険が有効

そんな時代を生き抜くために、これだけは入っておいたほうが賢明と思われる保険に「個人賠償責任保険」があります。この保険は日常生活で起こり得るトラブルに幅広く対応してくれます。

一例を挙げてみると……。

・飼い犬が他人に噛みついてけがをさせてしまった。洋服やハンドバッグにも穴をあけた。

・ガス爆発を起こしてしまい、近隣の屋根や窓ガラスを吹き飛ばした。

・子供が公園の砂場で遊んでいるときに、落ちていた木の枝で友達の目を突いてしまった。
・歩道を自転車で走行していて、急に飛び出してきた子供にぶつかった。
・自転車で信号待ちの高級車の横をすり抜けようとしたところ、バランスを崩してキズを付けてしまった。
・トイレを詰まらせて、階下の住宅を汚水まみれにしてしまった。
・電源利用可能なファーストフード店のカウンター席で、うっかり飲み物を倒してしまい、隣席のノート・パソコンを水浸しにしてしまった。
・駅の階段をスマートフォンに気を取られて下りているとき高齢者に肩がふれて、階段を転がり落としてしまった。

高齢化社会の進展やライフスタイルの変化でも、今まではあまり感じることのなかったことまで、リスクとして認識しなければならないようです。日常の生活のなかには、賠償請求をされてしまうリスクが至るところに潜んでいるといえます。あなたもヒヤッとされた経験があるのではないでしょうか。

もちろん十分に注意して行動することが大切なのですが、それでも完全にリスクを回避することはできません。特に自転車に乗る方や小さいお子さんがいらっしゃるご家庭では、必須の保険ではないでしょうか。

日常生活での賠償責任を幅広く補償してくれるのが、「個人賠償責任保険」なのですが、残念ながらほとんどの保険会社では、この保険を単体で販売することを中止してしまったようです。個人賠償責任保険の保険料は年間1000円程度でしたので、この金額の保険料では元が取れないのかもしれません。

現在では、火災保険や傷害保険、自動車保険などの特約として加入するしか方法がないようです。

示談交渉サービスが付いているかどうかが選択のポイント

損害保険に加入していれば、事故のときには保険会社がすべて示談交渉に応じてくれるのが当たり前と思っている方も多いかと思います。しかし、自動車保険以外の保険には、基本的に示談交渉サービスは付いていません。

示談交渉サービスが付いていないとなると、保険会社は直接被害者とのコンタクトを取ってはくれません。保険会社の指示のもと、自分で被害者に連絡をとって、被害者の損害を立証できるもの（診断書・修理見積もり・収入の証明など）を、取り付けなければなりません。それを保険会社に提出することで、保険会社が認定した金額が払われるだけなのです。この金額で被害者が納得しようとしまいと、保険会社が間に入ってくれることはありません。

というのも、加害者に代わって行う損害賠償における示談交渉は法律行為とされていて、弁護士などの専門家以外は行ってはいけないと法律で定められているからです。これまで、自動車保険だけが保険会社が示談交渉を行う例外的な扱いだったのです。

私たちが自分で示談交渉をしなければならないとなると、精神的にも大きな負担がかかることは目に見えています。

個人賠償責任保険にせっかく加入するならば、「示談交渉サービス」付きのものを選んでおくべきでしょう。

自動車保険の特約として用意された個人賠償責任保険に加入しておけば、なんと示談交渉サービスが付いているのです。また、自動車保険の特約では補償額も無制限が選べ、最も安心できる加入方法といえそうです。

クルマを持っていない方は、新しいタイプの火災保険の特約でも、示談交渉サービスが付いているものが登場していますので、そのタイプの火災保険を選んで加入されれば、示談交渉サービスを準備できます。

ただし、火災保険の特約では、補償額の上限は1億円とする保険会社が多く、補償額の上限を超えるようなトラブルでは、示談交渉はしてくれません。

ゴルフカートの事故は補償されるのか

個人賠償責任保険に加入していれば、ゴルファー保険やスキー・スノボー保険に入っていなくとも、ゴルフ場やスキー場でのトラブルにも対応できます。スキー板やゴルフクラブの盗難や修理の補償なんて不要、ホールインワンなど起こり得ない。でも、ゲレンデでの衝突やＯＢなどで人にけがをさせてしまうことは心配という方は、個人賠償責任保険にだけ入っていれば良いといえます。

しかし、保険会社によってはゴルフカートに関するトラブルが補償の対象外となっていますので注意が必要です。個人賠償責任保険では、航空機・船舶・車両（原動力がもっぱら人力であるものを除く）、銃器（空気銃を除く）の所有・使用または管理に起因する賠償責任は、補償の対象外となっています。ですから、電動のゴルフカートによる事故は補償の対象外となってしまいます。

しかし、三井住友海上などの火災保険の特約の個人賠償責任保険では、「（注）車両＝原動機付自転車を含みゴルフ場敷地内におけるゴルフカート……を除きます」となっていますので、ゴルファー保険に加入しないで、個人賠償責任保険で対応しようとするのであれば、この点も確認しておくと良いでしょう。

「海外でのトラブルも対象となるのかどうか」についても、保険会社や商品によって違いがあるようです。旅行や海外出張の際に必ず海外旅行保険に加入するという方は、それで海外での賠償責任に対する補償を得られます。しかし、クレジットカード付帯の補償だけで対応している方であれば、海外も対象となる個人賠償を視野に入れて選択しておいたほうが良いかもしれません。

個人賠償責任保険では
カバーしきれないリスクがあった

個人賠償責任保険は広範囲に使える保険といえますが、安くて必要な保険はそれだけではありません。あまり一般的ではないかもしれませんが、投資用マンションをお持ちの方は必見です。

バブルの頃に投資用マンションを購入し、現在も賃貸に出しているという方は、そろそろ対策を講じておく必要があるのかもしれません。

「マンション専有部分の配管から漏水があり、階下の戸室が水浸しになった」という話はそれほど珍しくはありません。バブルの頃に建てられた物件も、そんな水漏れリスクが高まってくる築年数にさしかかってきます。

水漏れ事故の事例では、損害額が４０００万円にも及んだ事故も発生しています。これまでは水漏れ事故が起きたとしても、クロスの張り替えや絨毯のクリーニング、家電の修理費用程度で済むことが多かったようですが、ちかごろはＳＯＨＯ（スモールオフィス・ホームオフィス）での企業家も増えて、階下は住居とは限らないのです。前述のケースでは、水漏れによって業務用のパソコンが被害を受け、パソコン内のデータが消滅してしまい、その再作成費用が４０００万円にも上るとの損害認定がなされたのです。

賠償リスクは相手と場所を選べず、起こってみないと賠償額がいくらになるのかわからないのが怖いところです。

もしも、こんなことになってしまったら、賠償金は今後の家賃収入をすべて投じても払いきれず、そのマンションを売却しても賠償しきれないかもしれません。軽い気持ちで始めた不動産投資で、足をすくわれないためには、最低限のリスクマネジメントが必要となるわけです。

水漏れが共用部分の配管から発生したのであれば、マンション管理組合（所有者全体）が賠償責任を負います。洗濯機のホースがはずれた、トイレを詰まらせたなどの原因では、入居者が賠償責任を負います。しかし、専有部分の配管からの水漏れとなると、区分所有者が賠償責任を負うことになるのです。

自分で住んでいるマンションであれば、「個人賠償責任保険」で賠償することが可能となります。しかし、賃貸に出している物件の場合や、仕事で使用している物件の場合には、日常生活で被った賠償事故ではなく、業務上の賠償事故との扱いになり、個人賠償責任保険では補償の対象外となってしまうのです。

安くて重要な保険ほど勧められる機会は少ない

投資用のマンションや、オフィスとして使用している場合の賠償リスクに備えるには、「施設賠償責任保険」が必要となります。80㎡程度のマンションであれば、年間1000円（最低保険料5000円などとする保険会社もある）程度の保険料で、万一の場合には最高5億円もの損害賠償に備えることができます。

しかし、投資用マンションのオーナーが、この保険を勧められる機会は極めて少ないようです。

保険営業員が一般的に普及している自動車保険や火災保険を勧誘するのは簡単なことです。しかし、これまで考えたこともないようなリスクに対しての提案は、手間も時間もかかります。まして、その保険料が年間1000円程度ではビジネスとしては成立しづらいのです。

保険営業員はあなたのリスクを分析して、その対応策の提案をする業務を請け負っているわけではありません。自分の販売したい保険を提案することが当然の行為です。それに、あなたが投資用マンションを持っていることを知らなければ、施設賠償責任保険などを勧められるはずがありません。

自らが、リスクマネジメントに対して前向きに取り組まなければ、同じ補償ばかりが重複し、穴だらけの補償設計となってしまっている状況からは抜け出せないのです。

洪水や豪雨の自然災害リスクが高まっている

洪水被害のリスクが高い地域で、店舗やクリニックを経営・開設されている方は、注意が必要です。

近年、集中豪雨が頻発して、各地で大きな被害をもたらしています。ゲリラ豪雨という言葉はすっかりなじみ深いものとなり、最近では爆弾低気圧などという言葉まで登場してきました。

ここ数年で起きた集中豪雨の中には、過去に観測された最大雨量の2倍近い降雨が観測された地点もあり、年々その激しさを増してきているようです。また、日本近海は世界の中で最も海水の温度が上昇しているとのことで、台風の勢力が衰えぬまま日本に接近するという懸念も高まっています。

さらに都市部では台風の接近も前線もない状況でも、局地的な集中豪雨が発生しています。このような突然襲ってくる集中豪雨は、ヒートアイランド現象によって都市部を中心に今後も増えると考えられています。

一方、雨水の排水能力はというと、宅地化・舗装化が進んだことで大半が地面に浸透せず、下水溝へ集中しています。そのため、排水能力が追いつかずに洪水が起きやすい状況となっているようです。

洪水リスクに備えるには従来型の店舗総合保険では不十分

万が一、自宅や店舗が洪水被害を受けてしまった場合、その損害を補償してくれるのは総合型の火災保険となります。しかし、店舗など事業用の火災保険で普及していた「店舗総合保険」に加入していても、洪水被害は救済されないケースも多いのです。

洪水被害で建物が被害を受けた際の店舗総合保険での補償内容を見ると、

・建物の価格の30％以上の損害が生じたときは、その損害額の70％を補償。
・15％以上30％未満の損害が生じたときは、保険金額×10％を補償（２００万円限度）。
・15％未満の損害の場合は、保険金額×5％の補償（１００万円限度）。

となっています。また、床上浸水となった場合などの条件もあり、補償の対象となったとしても、実際の損害額が補償されるわけではないのです。

設備什器・備品などの被害に対しては、さらに厳しいものとなっています。こちらも床上浸水などで損害が生じた場合が補償の対象となりますが、なんと保険金額の5%、しかも1構内１００万円が補償の限度なのです。

つまり、どんなに高額な設備投資をしているお店でも、洪水被害に対しては１００万円までの補償しか受けられないのです。

洪水の危険性がある地域に店があったり、地形的にゆるやかな高台であっても、半地下構造で周囲から水が流れ込む恐れがあるのであれば、すみやかに保険の見直しをお勧めします。どの保険会社でも扱っているわけではありませんが、洪水被害も万全に補償する保険商品も販売されています。

こんなはずじゃなかったと悔やむ前に、自ら積極的に行動することが大事なのです。

休業中は収入がなくなる！
そこまで考えたリスクマネジメントを

以前、火災に遭われた直後の歯科医院の前を偶然に通りがかったことがあります。幸いにもボヤ程度で鎮火した様子でしたが、クリニック内は消火活動のため水浸しで、カルテは散乱し、壁はすすけ、焼け焦げた悪臭を放つ無残な状態となっていました。ボヤ程度でも診療再開までにはかなりの期間を要することを再認識させられました。

被災したのが自宅なら、建物や家財道具の復旧費用を火災保険で賄えれば、経済的な損失は回避できます。しかし、店舗が被災したとなると、造作や什器備品などの損害だけではなく、休業により「収入が途絶えてしまう」損害が同時に起こります。

物的損害の大小にかかわらず、休業期間が長引けばその損害は拡大していきます。店舗など収入を稼ぎ出す場所には、火災保険と休業補償保険をセットで準備しておくことが必要だといえます。しかし、店舗の火災保険の補償内容をチェックすると、内部造作や設備・什器といった目に見える「物」は補償の対象とされていても、休業を余儀なくされた場合の「逸失利益」までをカバーした補償内容となっていることは少ないようです。好景気でお客様が殺到していた時代では、多少の損失が発生してもそれをはねのける勢いがありました。ただ、利益率も抑えられている現在では抱えられるリスクの限界は小さく、店舗の経営においてリスクマネジメントは重要なポイントとなっています。

休業中の固定費や最低限必要な生活費を捻出する対策を講じていなければ、再起するための大きなハードルとなってしまいます。

自営業者は所得補償保険で就業不能時のリスクを回避

病気やけがで就業不能となっても、サラリーマンなら1年6か月間は健康保険の傷病手当金で、給料の3分の2相当の収入が保障されています。それでも収入が減り、治療費もかかるとなると、厳しい状況になるかもしれません。

自営業者の場合はさらに深刻です。個人事業主などが加入する国民健康保険には、傷病手当金の制度はありません（歯科医師、建設業など同業の従事者で組織される国民健康保険組合では、少額ではあるが独自の傷病手当金制度を準備するものもあります）。

オーナーシェフや美容師、ドクターなど、自分の知識や技能・技術、資格で事業をしている個人事業主が倒れてしまうと、お店やクリニックが開けられず、まったく収入は途絶えてしまいます。そればかりか、休業中も店舗の家賃や設備のリース料、スタッフの人件費などの固定費や事業資金の借り入れの返済は必要となります。

けがや病気という同じリスクに対しても、体ひとつで給料を得て、傷病手当金で収入が保障されているサラリーマンとは、まったくリスクの大きさが異なるのです。

そんな個人事業主も、生命保険はいやというほど勧められていても、事業を存続させるための固定費を捻出して、最低限必要な自分の生活費を確保するための所得補償保険はほとんど勧められていないようです。

所得補償保険は医療保険とは異なり、入院せずに医師の指示のもと自宅で療養している間も補償の対象となり、自助努力の傷病手当金制度となります。

所得補償保険は個人より団体契約で加入したほうが安心

しかし、この保険も個人で加入したものでは、一抹の不安が残ります。

所得補償保険は「地震によるけがが原因の就業不能も補償の対象となるか」「一つの就業不能に対する補償期間」「保険料の団体割引率」「無事故戻しの有無」「更新可能年齢」など、加入団体や選択プラン、引受保険会社によって保険料や補償内容が異なります。ですが、最も重要な選択ポイントは「更新」についてです。

所得補償保険は自動車保険などと同様に1年更新で契約するのが主流ですが、一度でも給付を受けると、次の更新時には給付金を請求した原因となった疾病群が補償の対象外とされたり、病気によっては更新することを拒否されてしまいます。

健康を害してこれから保険のお世話になろうというときに、更新を拒否されてしまうことにもなりかねないのです。

個人で加入する所得補償保険は、契約者にとってこんな不合理な状況になりかねません。

ただし、業界団体や税理士共栄会などの団体から加入する所得補償保険であれば、団体割引で保険料が最高30％ＯＦＦとなるほか、１０００日分の給付を受けるまでは無条件で更新ができる商品が主流となっています。

休業中も固定費ぐらいは十分払えるように備えておくことも経営者の責任といえますので、ご自分の加入できる団体契約の所得補償保険を確認してみてはいかがでしょうか。

地震被害からの再建にもファイナンスは不可欠

平成24年12月21日、政府の地震調査委員会は「全国地震動予測地図」を大改定して発表しました。今後30年以内に建築基準法通りの耐震・制震住宅が倒壊する可能性のある震度6弱以上の地震の発生率が、驚異的な値となっています。

東日本大震災や阪神淡路大震災の惨状を目の当たりにしても、地震がもたらす経済的な損失に対しては、決して「ファイナンスが十分」といえる状況にはないようです。

じつは、自宅用と営業用では地震保険の仕組みが違っているからです。自宅や家財道具などの生活用の動産であれば、地域を問わず地震保険に加入することができます。これに対して、営業用の建物や設備を対象とする場合には制約があり、とくに首都圏などでは、十分な補償を準備しておくことがかないませんでした。

巨大地震がもたらす経済的な損失もまた、みな一様ではありません。公務員や大企業の従業員であれば、局地的な大地震に見舞われたとしても給料が未払いになることはないと思います。しかし、地場産業に勤務している場合や、個人事業主の場合は、建物や設備の損壊による被害だけではなく、売上げや収入が途絶えてしまうリスクが伴います。

自分の資金計画内でめいっぱいの借金をして開業し、ローン返済中にお店や設備が損壊・焼失してしまった場合、再起することは困難を極めます。今後何年も失った物件のローン返済を強いられますし、再度借り入れができたとしても二重のローン返済というマイナスからの再スタートとなってしまいます。

被災の規模を考えると、復旧には自助努力のファイナンスが不可欠であることは言うまでもありません。

こうした中小企業や個人事業主が待ち望んだ保険が、ようやく発売されました。

地震や噴火・津波によってお店の建物や設備が損壊した場合は、建物の復旧費用や設備の再取得費用の補償が受けられます。また、建物や設備に被害がなくても、ライフラインの寸断によって休業を余儀なくされるようなケースでは、休業中の粗利益が補償されます（業種や建物の建築年月、建物の構造によっては加入できないこともあります）。

大震災のようなリスクは、一生のうちに一度遭うかどうかという確率なのかもしれません。しかし、ファイナンスなしに再起するのは困難だというのであれば、最大限の自己防衛策を施しておく必要があるのではないでしょうか。

おわりに

本書で、ご紹介した活用法が必要となるのは、限られたケースなのかもしれません。しかし、一番困ったときに、さまざまな選択肢が用意されていることは、不確定な将来に備える保険という特性において、とても重要なポイントではないでしょうか。

今まで保険加入時に比較されることのなかった各保険会社のルールが明らかになり、これまでとは異なる視点での保険選びに役立てていただければ幸いです。

１００円、２００円の保険料の安さを選択基準にするよりも、メリットが大きいのではないでしょうか。

この本の制作にあたって、各保険会社へアンケートを実施させていただきました。これまで一般的に公表されていないような、取り扱い規定に関してもご回答をいただいた各保険会社の広報担当の皆様、保険の活用法に関してのアイデアをご教授いただいた、ファイナンシャルプランナーの千村朗様には、この場をかりて御礼もうしあげます。

これらのルールは保険を契約するにあたって、その内容や条件などが記載されている保険約款に定められているのではなく、あくまでも、保険会社の内規で定められていることも多いようです。

そのため、一方的に変更がなされてしまう懸念を拭いきれません。以後の契約から変更とされればよいのですが、既契約にもおよぶ変更が一方的になされたこともあったようです。

約款契約事項ではなくとも、自社の保険商品の特徴としての案内ツールまで作り、加入を促したのであれば、突然の変更はなされるべきではないと思います。この本をきっかけに、各保険会社の契約者にとって不利益となる内規の変更が行われないことを願ってやみません。

貴重なお金を投じ、さまざまな思いを込めて契約した保険なのですから、その効果を最大限に享受してもらいたい。そんな気持ちで本書を書き綴りました。

図版制作◈鶴田環恵
編集協力◈岩瀬晃子
プロデュース◈長尾義弘

松木祐司（まつき・ゆうじ）
CFP®、１級ファイナンシャルプランナー。
「保険料の安さの比較はＦＰの重要な役割にあらず。それは比較サイトに任せればよい。独自の理論と分析で、価値ある保険商品の選別と保険の効果を高める活用方法の提案をすること」をモットーに、経営雑誌への寄稿や各種セミナー・個別相談などを通じて、ライフプランを実現させるためリスクマネジメントの提案に取り組んでいる。

宝島社新書

生命保険のありえない裏ワザ
(せいめいほけんのありえないうらわざ)

2013年7月24日　第1刷発行

著　者　松木祐司
発行人　蓮見清一
発行所　株式会社　宝島社
〒102-8388 東京都千代田区一番町25番地
電話：営業　03(3234)4621
　　　編集　03(3239)0646
http://tkj.jp
振替：00170-1-170829　㈱宝島社
印刷・製本：中央精版印刷株式会社

ISBN 978-4-8002-1135-4